Uwe Böschemeyer
Das Leben meint uns

*Für meine Frau Magda Van Cappellen,
die mich mit ihrer Klugheit und Wärme
persönlich und beruflich begleitet.*

INHALT

VORWORT

Die meisten Menschen sehnen sich zwar nach einer Partnerschaft, doch wenn sie sie erleben, sind viele von ihr enttäuscht. Dafür gibt es eine Reihe von Gründen. Einer der Hauptgründe liegt zweifellos im Mangel an Kenntnis dessen, was eine gute Partnerschaft braucht.

Einige Beispiele: Nur wenigen ist bewußt genug, daß jeder mit seinen eigenen Augen sieht und er oder sie daher manche Situation zwangsläufig anders beurteilt als der Partner oder die Partnerin. Nur wenige machen sich klar, daß jeder seine eigene Geschichte hat und keiner so bleibt, wie er am Beginn der Partnerschaft war. Mancher verkennt, daß er nicht alles Glück der Welt vom anderen erwarten kann. Andere denken nicht daran, daß zu einer guten Beziehung auch Kultur gehört. Viele Paare durchschauen nicht, daß ihre Spannungen nicht primär ein Beziehungsproblem sind, sondern aus *eigenen* ungelösten Lebensfragen resultieren. In diesem Buch soll davon und von vielem anderen mehr die Rede sein.

Seit über 30 Jahren denke ich mit Menschen über ihre Probleme nach und suche mit ihnen nach Lösungen. Seit 20 Jahren leite ich das »Hamburger Institut für Existenzanalyse und Logotherapie«. Existenzanalytische Logotherapie – sie wurde von dem berühmten Wiener Arzt Viktor E. Frankl begründet – ist Psychotherapie, die um die Frage nach sinnvollem Leben kreist. Sinn ist konkret, ist nichts von der Realität Abgehobenes, sondern meint das jeweils Wichtigste im Leben, und Leben besteht aus täglich wechselnden Situationen. Der Menschenkenner C. G. Jung hat einmal gesagt, die meisten seelischen und körperlichen Störungen seien Leiden der Seele, die ihren Sinn nicht gefunden habe. Die Praxis zeigt, daß dieser Satz stimmt. Und deshalb sind Störungen, gleich welcher Art, Herausforderungen zur Suche nach einem gelingenden und daher sinnvollen Leben.

Meine Mitarbeiter und ich haben in der Praxis mit Störungen aller Art zu tun, z. B. mit Ängsten, Depressionen, Zwängen, Süchten, pychosomatischen Störungen, Krisen unterschiedlichster Art, aber auch mit Menschen, die klug genug sind, ihre Persönlichkeit weiterzubilden, um Störungen vorzubeugen.

Manche Besucher unseres Instituts kommen bewußt mit dem Anliegen, an den Problemen ihrer Partnerschaft arbeiten zu wollen. Andere dagegen, und das sind die meisten, erkennen erst im Lauf der Gespräche, daß ihre Beziehungsschwierigkeiten schwerwiegender sind, als sie angenommen haben. Und dann zeigt sich häufig, daß diese Probleme vor allem in ihnen selbst begründet sind.

Ich habe viel Hoffnung für Menschen, die in die Krise geraten sind, auch für jene, die meinen, ihnen sei nicht mehr zu helfen. Das hat seinen Grund.

Alles Leben ist vom Wechselspiel polarer Strukturen bestimmt. Wir begegnen ihm überall. Es gibt den Tag und die Nacht, die Hitze und die Kälte, die Geburt und den Tod, die Natur und den Geist, den Mann und die Frau, die Liebe und den Haß, die Verzweiflung und die Hoffnung etc.

Wir würden nie Positives erleben, wenn es nicht Negatives gäbe. Wir würden nie Freiheit erleben, wenn es keine Unfreiheit gäbe. Wir würden nie Glück erfahren, wenn wir kein Leid erführen. Ein Stern strahlt nur auf dunklem Hintergrund. Das Meer rauscht nur, weil wir die Ebbe kennen. Das Leben finden wir so kostbar, weil der Tod es begrenzt. Alles Gegensätzliche bedingt sich, gehört zusammen, ist im Grunde eine Einheit.

Aber: Wir wollen nicht das Negative, wir wollen nicht die Unfreiheit, wir wollen nicht das Leid – und übersehen dabei, was geradezu tragisch zu nennen ist, daß die negativen Dinge die *Voraussetzung* für die Möglichkeit sind, das Positive, die Freiheit, die Hoffnung, das Glück und alle anderen sinnvollen Dinge erleben zu können. Am liebsten würden wir alles, was negativ ist, vermeiden, ausschalten, ausrotten oder wenigstens isolieren. Doch könnten wir es, lösten wir die innere Einheit der Gegensätze auf – und verlören unsere menschliche Identität.

So viele leidvolle Lebensprobleme resultieren aus diesem tiefen Mißverständnis der Grundstruktur des Lebens! So viele schwere Stunden könnten wir anders verstehen und anders *erleben,* wenn uns deutlicher wäre, daß wir nur dann kein volles Leben haben, wenn wir es nur zur Hälfte wollen. Die Suche nach Sinn bezieht sich auf *alle* Bereiche, auf die dunklen ebenso wie auf die hellen. Die Suche nach Glück konzentriert sich nur auf die hellen. Daher halbiert der, der nur das Glück sucht, sein eigenes Leben.

Weil aber alles Leben polar strukturiert ist, gibt es nicht nur die Krise, sondern auch deren Gegenpol: die *Entwicklung*. Die Entwicklung aus der Krise setzt allerdings dann erst ein, wenn man sich mit ihr auseinanderzusetzen beginnt. »Jede Krise«, sagt Bijan Amini »ist ein schicksalhaftes Faktum. Das Krisenereignis bedeutet aber nicht das Ende, sondern meist nur eine Wende. Sie tritt ein, wenn wir die Krise als Chance zum Neubeginn begreifen«[1].

Fast jede menschliche Krise ist eine Gunst. Fast jede Krise ist das Fieber der Seele, die ihren Sinn nicht (mehr) hinreichend fühlt und daher auf neues sinnvolles Leben drängt. Fast jede Krise ist auch Ausdruck von ungelebtem Leben, das darauf wartet, ausgelebt zu werden. Fast jede Krise ist eine *Herausforderung* zum Leben. Und: Fast jede Krise macht deutlich, daß jeder Mensch immer *mehr* ist als sein Problem. *Wie* jedoch die Wende aussieht, ist für den, der sich in einer Krise befindet, längere Zeit nicht erkennbar, und gerade das macht sie zunächst so schwer.

Worauf aber kann man in Zeiten, in denen manches

fraglich geworden ist, hoffen? Darauf, daß keine Zeit der anderen gleicht –, daß alte Verletzungen die neuen Tage auf Dauer nicht dominieren müssen –, daß Menschen sich in ihren Gedanken, Empfindungen, Gefühlen und Handlungen verändern können, besonders dann, wenn die Not es verlangt –, daß Leben Entwicklung ist, daß sich *neue* Gründe für Leben dann zeigen, wenn sie gebraucht werden, daß gutes Leben manchmal auch von *außen* kommt –, daß die Hoffnung sich manchmal von selber zeigt, vielleicht sogar dann, wenn die Hoffnungslosigkeit am größten ist.

Wie aber läßt sich Hoffnung entwickeln? Dadurch, daß wir uns die *vergangenen* Hoffnungen vergegenwärtigen –, daß wir uns darüber *empören,* was unser Leben heute leblos macht –, daß wir nach den bisher *ungelebten* Wünschen fragen –, daß wir auf anderes, *hoffnungsvolles* Leben sehen –, daß wir die Hoffnung *tiefer* als bisher in uns selber suchen –, daß wir uns fragen, ob wir so hoffnungslos *bleiben* wollen.

Drei Dinge sind für meine Arbeit besonders wichtig:

* Das wertorientierte Gespräch:
  Ich gehe von der Voraussetzung aus, daß die Seele polyphon, also vielstimmig und vielsagend ist. Sie ist ein »Speicher« von Gedanken und Gefühlen mit unermeßlicher Weite. In aller Regel aber äußert ein Mensch im Gespräch von seinen Gedanken, Empfindungen und Gefühlen nur *ein* Wort, nämlich das,

13

was ihm auf der Schwelle von Bewußtsein und Unbewußtem zuerst entgegenkommt. Daher sind drei Fragen wichtig:

Ist das, was ein Mensch sagt, das, was er auch denkt, empfindet und fühlt?

Ist das, was er tut, das, was er auch tun will, soll und kann?

Ist das, was er von seinen Wertmöglichkeiten ahnt, das, was er auch leben will? (Und: Will er überhaupt wissen, was er ahnt?)

- Die wertorientierte Imagination:
  Die wertorientierte Imagination (Imago (lat.) = Bild) ist einem herbeigerufenen Traum vergleichbar. Sie ist eine »Wanderung« ins Unbewußte. Anders als im Traum wird jedoch das Bewußtsein nicht ausgeblendet. Der Imaginand erlebt die inneren Bilder nicht nur, er nimmt auch selbst auf sie Einfluß und damit Einfluß auf seine Gefühle und Gefühlskräfte, z. B. auf den Mut, die Freiheit oder die Liebe.[2]
  Vor jeder Imagination verabrede ich mit meinem Gesprächspartner ein Ziel, an dem er seine Problematik erkennen und Lösungen erfahren kann.
- Die wertorientierte Interpretation des Enneagramms:
  (Das Enneagramm ist eine durch Erfahrung begründete Typenlehre, die »neun Gesichter der Seele« beschreibt.)

Daß jeder Mensch ein Individuum ist, hört jeder gern. Daß er jedoch auch einem »Typus« angehört, wird nicht von jedem gern gehört. Und doch weiß jeder Erfahrene, daß wir mit dieser Tatsache zu leben haben. Unter den verschiedenen Typenlehren erscheint mir die des Enneagramms[3] besonders einleuchtend und hilfreich. Sie ist ein Glücksfall für die Psychologie, weil sie in erstaunlicher Klarheit zeigt, daß und wie Menschen unterschiedlicher Strukturen denken, empfinden, fühlen und handeln. Wir könnten viel differenzierter, nüchterner und freier mit uns und anderen umgehen, hätten wir Einblick in diese Schatzgrube der Menschenkenntnis.

Dieses Buch will keine Partnerschaftsberatung ersetzen. Es leuchtet nicht in alle Winkel und Ecken des Zusammenlebens hinein. Es ist auch kein Lehrbuch über Ehe oder Partnerschaft. Es ist vielmehr ein Zusammenspiel von klärenden Gedanken und der Beschreibung von Szenen in Partnerschaften. Vor allem möchte das Buch ermutigen, anregen und Phantasien wecken, die bestehende Beziehung so bekömmlich wie möglich zu gestalten. Um eine gewisse Systematik zu erreichen, sind die Texte einigen wenigen Abschnitten zugeordnet. Die Anzahl der Texte, die zu den Abschnitten gehören, besagt allerdings nichts über die Bedeutung des jeweiligen Themas.
Manche Problemlösung scheint zu schön, um wahr

werden zu können. Ich meine allerdings, daß es besonders in unserer Zeit wichtig ist, die *Möglichkeiten* im Leben, die *möglichen* Ziele und Wegweiser zu solchen Zielen herauszustellen.

Manche Passagen des Buches scheinen besonders frauenfreundlich zu sein. So sind sie auch gemeint. Denn aus meiner Sicht sind es vor allem die Frauen, die sich um Lösungen bemühen, wenn ein Paar in die Krise geraten ist.

Von Paaren ist die Rede. Ich meine damit Ehe und Partnerschaft, also Beziehungen von Menschen, die zusammenleben.

Lüneburg,   Uwe Böschemeyer
im August 2001

---

1 Bijan Adl-Amini: Thesenblatt zum Vortrag: Erziehung zum Sinn, Davos am 14.6. 1996
2 Siehe dazu: Uwe Böschemeyer, Wertorientierte Imagination, Theorie und Praxis, Grundlagen, Methodik, Anschauung, Hamburg 2000
3 Siehe dazu: Uwe Böschemeyer: Vom Typ zum Original, Die neun Gesichter der Seele und das eigene Gesicht, Lahr 1994

TEIL I

SZENEN IN PARTNER-SCHAFTEN

Morgenmuffel

Sie kommt die Treppe herunter. Er sitzt bereits am Frühstückstisch. Sie strahlt ihn an, er sie nicht. Statt dessen teilt er ihr mit, welche Morgenlaus ihm über die Leber gelaufen ist.

»Übrigens,« beginnt er, »was du gestern abend gesagt hast...« Sie weiß schon, was er sagen will, umarmt ihn deshalb rasch und verschließt ihm den Mund mit einem leichten Kuß. Doch seine üble Laune verändert sich nur geringfügig. Er beginnt über gestern abend zu reden, zu reden, zu reden...

Sie schweigt, ißt nur wenig, versucht, etwas zu sagen, schweigt wieder.
Da sieht er sie an, sieht ihre dunkel gewordenen Augen. Nun versucht er, etwas zu sagen, schweigt wieder. Und begreift: Begreift, daß er die beste Frau der Welt hat –, daß seine ständige Morgenmuffelei der des »Ekel Alfred« gleicht –, daß er ihr den Beginn des Tages vermiest –, daß er sich selbst den Beginn des Tages vermiest –, daß es an der Zeit ist, sich fortan morgens nicht mehr gehen zu lassen.
Er sagt nichts von dem, was in ihm vorgeht. Behutsam legt er seine Hand auf ihre. Leise sagt er: »Verzeih.«
Am nächsten Morgen kommt sie lächelnd die Treppe herunter. Er lächelt zurück.

Liebe ist mehr als ein Gefühl

Wieder einmal hat er keine Lust, mit ihr zu ihrer Familie zu fahren. Ihre Familie ist ihm fremd. Sie dagegen fährt gern mit ihm zu seinen Eltern und Geschwistern, obwohl seine Familie anders ist als ihre. Sie bittet ihn, greift ihn an, argumentiert mit ihm. Er bleibt stur. Dann schweigen sie.

Nach einer Weile sieht er sie weinen. Zwar will sie ihr Weinen vor ihm verbergen, er hat es trotzdem bemerkt. Noch hindert ihn sein Trotz, zu ihr zu gehen. Dann setzt er sich neben sie, berührt ihre Hand. Rasch wischt sie die Tränen weg. »Ich wollte dich nicht verletzen,« beginnt er vorsichtig. »Hast du aber,« entgegnet sie. Darauf weiß er nichts zu sagen, bleibt aber still bei ihr sitzen.

»Und wenn ich mitfahre, damit wir Ruhe haben?« überlegt er. Der Gedanke behagt ihm zunächst nicht. Doch dann kommt ihm eine wichtige Frage: »Weshalb hat sie geweint? Weil sie mich so gern dabei gehabt hätte – oder weil sie in meiner Weigerung einen Mangel an Liebe sieht?«
Daß er sie liebt, daran zweifelt er nicht. Doch daß seine Liebe so manches Mal in einem bloßen Gefühl stekkenbleibt, geht ihm jetzt auf. Und das beschämt ihn.

Nach längerer Zeit sieht er sie an und fragt: »Wann fahren wir?«

Du störst mich

Sie arbeitet am Schreibtisch, ist tief in ihre Akten versunken. Sie bemerkt gar nicht, daß er in ihr Zimmer gekommen ist. Er beginnt zu erzählen, was er gerade erlebt hat. Es entgeht ihm, daß sich ihre Stirnfalte vertieft, und er erzählt fröhlich weiter. Schließlich sagt sie: »Mein Schatz, du störst mich.« »Das wollte ich nicht,« sagt er und verläßt sogleich den Raum.

Nach zehn Minuten ist er wieder da. Dieses Mal fragt er, ob er ihr »die Geschichte« weiter erzählen dürfe. Sie murmelt ein leises »ja«, bleibt aber mit ihrem Blick in den Akten hängen. Da merkt er rascher als vorher, daß er sie stört. Er trollt sich ein zweites Mal.

Eine halbe Stunde hält er es ohne sie aus. Dann nähert er sich ihr mit einer im Garten gepflückten Blume: »Jetzt habe ich dich aber lange in Ruhe gelassen, oder?« Er macht ein Gesicht wie ein kleiner Junge.

Nun legt sie den Stift aus der Hand und fragt lächelnd: »Warum läßt mein Mann mich nicht in Ruhe arbeiten?« Einen Augenblick zögert er mit seiner Antwort. Dann sagt er: »Weil ich so gern bei dir sein wollte.«
Da steht sie auf, legt ihre Arme um seine Schulter und gibt ihm einen Kuß.

Aneinander vorbei reden

Er kommt niedergeschlagen nach Hause. Der Tag im Geschäft war gar nicht gut. Sie dagegen ist bester Laune. Bevor er etwas sagen kann, wedelt sie ihm zwei Kinokarten entgegen. »Weißt du, wohin wir gleich gehen werden?« ruft sie ihm betont heiter (wie er meint) zu.

»Ich geh' ins Bett,« gibt er mürrisch zurück. Einen Augenblick ist sie irritiert. Dann versucht sie, ihn zu ermuntern: »Das Kino wird dir gut tun.«

»Was weißt du, was mir heute gut tut?« kontert er.

Nun begreift sie, daß ihre derzeitige Befindlichkeit offensichtlich eine andere ist als seine. Mit spitzen Fingern läßt sie die Karten auf den Boden fallen und sieht ihn von der Seite an: »Du kannst einem aber auch jeden Spaß verderben!«

»Der Tag heute war alles andere als spaßig für mich«, versucht er sich zu rechtfertigen.

»Das sagst du immer, wenn du schlechte Laune hast«, entgegnet sie.

Unbemerkt hat der Sohn das Gespräch verfolgt. Er kommt näher, sieht beide an und sagt: »Merkt ihr gar nicht, daß ihr aneinander vorbei redet?« Die Eltern sehen ihn verlegen an. »Und warum?« fährt er fort, »weil jeder von euch nur an sich denkt.« Alle drei schweigen. Dann hebt der Vater die Kinokarten auf.

Miteinander reden

Gut gelaunt fahren beide in die Stadt. Sie möchte sich ein paar neue »Sachen« kaufen. Die Stimmung steigt noch, als sie vor dem Modehaus einen Parkplatz finden. »Sind wir nicht Glückskinder?« ruft er beim Aussteigen, nimmt sie bei der Hand und eilt mit ihr ins Geschäft.

Dann sucht sie, läßt sich beraten, sucht wieder allein, läßt sich wieder beraten. Mehrere Male verschwindet sie in der Umkleidekabine, kommt nach längerer Zeit wieder zum Vorschein und fragt gespannt: »Na?«

Die ersten drei Male sieht er sich ernsthaft an, was sie ihm vorführt. Beim vierten Mal äußert er noch: »Ja, ganz nett.« Beim fünften Mal schaut er demonstrativ in eine andere Richtung. Und als sie ein sechstes Mal aus der Kabine kommt, steht er auf und fährt sie an: »Herr im Himmel, wie lange dauert das noch?«

Im Nu ist sie umgezogen und steuert dem Ausgang entgegen. Es ist ihr nicht entgangen, daß mehrere Kunden die unschöne Szene beobachtet haben.

Vor dem Haus bleibt sie stehen und sagt: »Als du mich gestern abend zehn Mal am Für und Wider deines neuen Projektes teilhaben ließest, bin ich geduldig geblieben. Du aber bist schon nach läppischen zwanzig Minuten zum Panther geworden.«

Er entgegnet nichts. Er schämt sich. Er schämt sich wirklich. Dann nimmt er behutsam ihre Hand, führt sie auf die andere Straßenseite zu einem anderen Geschäft und fragt leise: »Gibst du mir noch eine Chance?«

Nach einem sanften Schlag in seine linke Seite zischt sie
ihn an und lächelt dabei: »Du Obergrobian!«

Beifahrerproblem

Er fährt. Sie sitzt neben ihm. Am Dorfeingang zeigt der Tachometer »80«. Sie sieht ihn nur von der Seite an. Er bremst, fährt langsam weiter. Dann nähert er sich einer Ampel. Noch zeigt sie ihr frisches Grün. Er beschleunigt das Tempo nicht. »Nun fahr doch!« begehrt sie auf. Er sagt nichts, fährt nicht schneller. Schon zeigt sich das warnende Gelb. Das Rot scheint nicht enden zu wollen. Der Start gelingt nicht wie üblich. Das Getriebe ächzt.

Am Ortsausgang überschreitet er wieder das Tempo. Und nun beginnt ein in deutschen Autos nicht selten stattfindender Dialog:

Sie: »Willst du mich ärgern?« fragt sie.

Er: »Ja!« antwortet er wütend.

Sie: »Und warum?«

Er: »Weil du mich nervst.«

Sie: »Und weshalb, bitte schön?«

Er: »Weil du mich nicht fahren läßt.«

Sie: »Ich lasse dich nicht fahren? Lächerlich!«

Er: »Lächerlich ist, daß du mich nicht fahren läßt.«

Sie: »Das sagtest du schon.«

Plötzlich bremst er scharf. Fast wäre er in ein vor ihm haltendes Auto hineingefahren.

Er: »Da siehst du es!« brüllt er.

Sie schweigt.

Er fährt weiter. Nach einiger Zeit hört er sie sagen: »Du hast eben toll reagiert.« Er sieht sie kurz an. »Ironie?« fragt er. Sie schüttelt nur den Kopf. Ein wenig später drückt er auf die Radiotaste. Und als jemand singt »Und trotzdem lieb' ich dich«, lachen beide auf.

Den Hochzeitstag vergessen

»Mit wem hast du dich denn getroffen?« fragt er sie amüsiert, als er nach Hause kommt. Sie steht vor ihm, lächelt, dreht sich im Halbkreis und läßt sich in ihrem schönen Kleid bewundern. »Was hast du vor?« fragt er weiter, nicht ahnend, was sich zu entwickeln beginnt. »Ich hoffe, du führst mich gleich aus,« antwortet sie und ist noch immer bester Stimmung. »Mitten in der Woche?« Sein Lächeln ist einem ungläubigen Staunen gewichen. Da begreift sie.

Auch ihr Lächeln ist gewichen. Langsam streicht sie über ihr Kleid und schweigt. »Was ist denn los?« fragt er und ist inzwischen gereizt. »Du hast also nicht daran gedacht..., zum ersten Mal nicht daran gedacht,« entgegnet sie und dehnt die letzten Wörter. »Nun sag' schon,« beginnt er wieder, »woran hab' ich nicht gedacht?« Doch sie antwortet nicht.

Da geht »es« ihm auf. Langsam legt er beide Hände hinter den Kopf, greift sich ins Haar und sagt tonlos: »Entschuldige, das tut mir leid, sehr leid.« Er sucht nach keiner Entschuldigung.

Ihre Enttäuschung darüber, daß er den Hochzeitstag vergessen hat, ist so groß, daß sie den Raum verläßt. Erst nach einer Viertelstunde kommt sie zurück. Nun trägt sie ihre ältesten Jeans. Beide schweigen.

Nach einer endlos scheinenden Zeit fragt er sie: »Glaubst du nun, daß ich dich weniger liebe?« Die Frage berührt sie. Sie denkt nach. Dann schaut sie ihn voll an und sagt nur: »Wir könnten auch morgen abend ausgehen.«

Wie ein Tag auch enden kann

Es geht ihm gut. Die Arbeit machte Spaß. Die Heimfahrt war ein Vergnügen. Das Abendessen war köstlich, der kleine Fernsehfilm erheiternd. Es ist noch nicht spät. Beide gehen zu Bett.

Ein solcher Tag braucht einen ihm entsprechenden Abschluß, denkt er und strahlt seine Frau dabei in unnachahmlicher Weise an – ein untrügliches Zeichen für seine Wünsche.
Doch sie ist müde. Es geht ihr nicht schlecht, nein, aber sie ist müde. Der Tag würde für sie durchaus auch dann gut enden, wenn sie nicht miteinander schliefen.

Er scheint ihre Gedanken zu erraten. Eines Hauchs von Enttäuschung kann er sich nicht erwehren. Dann schaut er sie liebevoll an und legt seinen Arm um sie. Als sie das Licht gelöscht haben, flüstert sie leise: »Ich liebe dich.«

Ein anderes Beispiel:
am Morgen »danach«

Schweigend frühstücken sie. Keiner von beiden findet das erste Wort. Die Nacht hatte ein Neuanfang werden sollen. Er war gescheitert. Schon lange waren sie mit ihrer Sexualität unzufrieden. Dabei hatten sie sie die ersten Jahre sehr genossen.

Vor dem erhofften Neuanfang hatten sie Bücher studiert und darüber gesprochen, einander ihre Nöte gesagt und ihre Wünsche geäußert. Die Nacht hätte eigentlich schön werden müssen. Sie wurde es nicht.

Sexualität ist keine eigene Instanz im Menschen. Sie ist – das wissen wir von Liebenden – Ausdruck des ganzen Menschen. Daher sind Probleme der Sexualität bei Menschen, die sich lieben, keine *sexuellen,* sondern zwischenmenschliche. Und daher lösen sie sich nicht nur dadurch auf, daß die »sexuelle Problematik« besprochen wird.

Die wichtigste Frage zur Lösung der Schwierigkeiten lautet: Habe ich den anderen im Blick, wenn wir uns »lieben«?

Nach dem Fest

Sie fahren heim. Er fährt. Sie sagt nichts. Er summt die Melodie, die auf dem Fest mehrere Male gespielt wurde. Sie sagt noch immer nichts.

Er: »Hast du was?«

Sie: »Nein.«

Er (beharrend): »Du hast doch was!«

Sie (gereizt): »Nein!«

Man schweigt.

Zu Hause angekommen, knallt er das Garagentor zu. Im Wohnzimmer greift er nach einer Cognacflasche und gießt sich ein großes Glas ein.

Er: »Also?«

Sie: »Du hast geredet, geredet, geredet. Warum mußt du immer und überall der Mittelpunkt sein?!«

Er: »Das ist doch die Höhe! Man geht doch nicht auf ein Fest, um sich anzuschweigen!«

Sie (leise): »Du hast mich überhaupt nicht gesehen.«

Er: »Wieso das?«

Sie: »Das hätte ich gern von dir gewußt.«

Er (schon zögerlich): »Ich verstehe dich nicht.«

Sie: »Ich war für dich Luft.«

Umständlich wischt er sich einen Salatflecken vom Ärmel und sagt: »Ich bin also ein schlechter Ehemann.« Daraufhin verläßt sie den Raum und begibt sich ins Schlafzimmer.

Am nächsten Morgen erzählt er ihr beim Frühstück einen Traum: Er habe auf dem Fest in einem Clownkostüm mitten auf dem Tisch gestanden, und alle

hätten über ihn gelacht, nur sie nicht. Sie habe geweint.
Da legt sie liebevoll ihre Hand auf seine.

Das erste graue Haar

Mit spitzen Fingern kommt sie aus dem Bad und zeigt ihm ihr erstes graues Haar. »Sieh dir das an,« sagt sie zu ihm. Man unterschätze nicht die Bedeutung dieses Hinweises! Welche Antworten wären denkbar?

»Na, und?« wäre keine besonders einfallsreiche Entgegnung.

»Dann solltest du mit dem Färben beginnen,« klänge so charmant nicht.

»Das geht doch jedem so,« wirkte auch nicht gerade tröstlich.

»Ich hab schon viel mehr davon,« entlarvte (wieder einmal) die Ichbezogenheit des Mannes.

»Ach, Liebes, das geht vorbei,« zeigte mal wieder seine Gedankenlosigkeit.

Nähme er sie in die Arme, strahlte er sie an und gäbe er ihr einen Kuß, dann fiele das farbveränderte Haar unbeachtet zu Boden.

Streit ums Geld

Zufällig sieht er nach ihrem Einkauf den Kassenbon, der auf dem Tisch liegt. »Was?« entfährt es ihm laut, »167 Mark? Das darf doch nicht wahr sein!«
Sie: »Ist aber wahr.«
Er (ironisch): »Madame geht großzügig mit dem sauer verdienten Geld um...«
Sie: »Du wolltest sagen: mit *meinem* Geld um.«
Er (aggressiv): »Ja, das meine ich!«

Sie (ruhig): »Wann hast du das letzte Mal eingekauft?«
Er (unwirsch): »Das weißt du doch besser als ich.«
Sie: »Das war vor genau einem Jahr.«
Er. »Und?«
Sie: »Kannst du dir vorstellen, daß das eine oder andere im Lauf der Zeit teurer geworden ist?«
Er antwortet nicht.

In der darauffolgenden Woche weigert sie sich einzukaufen. Wütend setzt er sich ins Auto. Als er wiederkommt, schiebt er ihr kleinlaut den Bon hin, auf dem die stattliche Summe von 194,– steht, obwohl er den kleineren Korb mitgenommen hat.
Ganz unten im Korb findet sie ein kleines Päckchen »Mon Chérie«. »Für dich«, sagt er und gibt ihr verschämt einen Kuß.

Lottosorgen

Es ist Samstag abend. Da herrscht Ruhe im Haus. Vor allem dann, wenn im Fernsehen die Lottozahlen genannt werden. Wenn dann das Schicksal wieder einmal nur die anderen begünstigt hat, ist der Herr des Hauses frustriert. Aber auch sie, die Frau des Hauses. Ab heute soll der Samstag abend anders werden, beschließt sie:

Sie (milde): »Glaubst du, daß du irgendwann einmal Glück haben wirst?«

Er: »Ja, was meinst du, warum ich weiter spiele?«

Sie: »Findest du nicht auch, daß wir mit dem bislang investierten Geld schon eine zusätzliche Reise hätten machen können?«

Er (nicht sehr feinsinnig): »Das ist kleinkariert gedacht! Wer nicht wagt, der nicht gewinnt.«

Sie: »Aber wir haben doch nie etwas gewonnen.«

Er: »Das ergeht vielen so. Und irgendwann haben sie Glück.«

Sie: »Haben wir denn kein Glück?«

Er (noch widerstrebend): »Ja, schon...«

Sie: »Jedenfalls bin ich glücklich über uns, meistens jedenfalls.«

Er (schon weicher): »Ist ja klar, bin ich ja auch.«

Sie: »Du willst also noch *mehr* Glück?«

Er: »So nun auch wieder nicht. Aber es wäre doch schön, wenn wir uns auch das eine oder andere gönnen könnten.«

Sie: »Mir fehlt nichts Wichtiges. Und dir?«

———————

Er antwortet nicht gleich, schiebt seine Lottoscheine beiseite, streichelt sanft mit seinem großen Schuh ihren kleinen und sagt: »Ich hab' doch eine kluge Frau.«

Geschenke

Er hastet von einem Geschäft zum anderen. In keinem findet er etwas Passendes. Allerdings weiß er auch nicht so recht, was er ihr zum morgigen Geburtstag schenken »soll«. Dreimal nacheinander hat er ihr Schmuck gekauft. Beim ersten Mal hat sie sich darüber sehr gefreut, beim zweiten war ihre Freude schon gedämpft. Beim dritten hat sie ihn in den Arm genommen und nur gesagt: »Na, war's schwer, etwas Passendes für mich zu finden?« Da hatte er sich vorgenommen, sich vor dem nächsten Geburtstag mehr Zeit zum Nachdenken zu lassen.

Er geht in ein Café, will wenigstens jetzt in Ruhe nachdenken. Doch das gelingt ihm nicht. Er denkt daran, mit welcher Sorgfalt und Freude *sie* Geschenke für ihn sucht und wieviel Zeit sie dafür aufwendet. Und er?
Plötzlich kommt ihm eine Idee. Er fährt nach Hause. Unterwegs kauft er einen Rosenstrauß. Dann setzt er sich hin und schreibt ihr einen langen Liebesbrief in Schönschrift.
Als sie am nächsten Morgen beides findet, den Strauß und den Brief, umarmt sie ihn zärtlich und sagt nur: »Diesen Tag werde ich nie vergessen...«

Urlaubsbeginn

Morgen beginnt der Urlaub. Das Auto ist gepackt. Die meiste Arbeit hat sie gehabt. Er ist erst spät vom Dienst gekommen. Beide sind erschöpft. Da kommt ein Anruf von ihrer Mutter, die darum bittet, die beiden möchten zur Verabschiedung noch kurz bei ihr vorbei kommen.

Er: »Muß das sein? Jetzt noch?« Sie: »Das muß nicht sein, aber schau: Sie ist doch alt. Wer weiß, ob wir sie wiedersehen?« Er: »Nun komm mir nicht damit.« Sie: »Womit?«

Er: »Mit moralischem Druck!« Sie läßt nicht locker: »Wenn wir einmal alt sind, erwarten wir das wahrscheinlich auch von unseren Kindern.«

Er kapituliert. Mürrisch fährt er mit. Mürrisch geht er zu Bett. Mürrisch beginnt sein erster Urlaubstag.

Die Fahrt beginnt so heiter nicht. Nach hundert Kilometern fällt ihnen ein, daß sie vergessen haben, sich von den Nachbarn zu verabschieden. Nach weiteren fünfzig Kilometern steht fest, daß seine Turnschuhe im Flur liegengeblieben sind. Und als sich herausstellt, daß die Medikamente erst bei der Rückkehr wieder eingenommen werden können, fährt er auf einen Parkplatz und legt den Kopf aufs Steuerrad.

Da kommt ein alter Herr vorbei, strahlt ins Auto hinein und fragt: »Urlaubsstreß?« Unser Mann schreckt hoch, sieht den Fragenden verwirrt an und antwortet brav: »Ja.« Der Alte strahlt noch immer, sagt nur: »Ich wünschte, ich könnte noch mit meiner Frau in Urlaub fahren...« und geht weiter.

Langsam wendet sich der Gestreßte seiner Frau zu, beginnt zu lächeln und fragt: »Engel, gibt's die?«

Worum geht es wirklich?

Sie haben wieder einmal Streit. Seine Stimme wird lauter, ihre auch. Er steht auf und macht seine Runden durchs Wohnzimmer. Sie bleibt erhobenen Hauptes auf ihrem Stuhl sitzen.

»Das habe ich dir schon tausend Mal gesagt,« brüllt er. »Jetzt verhältst du dich wie dein Vater,« schreit sie zurück. Er bäumt sich vor ihr auf, sagt dunkel drohend: »Wenn du das noch einmal sagst...«.

»Was dann?« fordert sie ihn heraus. »Dann, dann...«
Er schnaubt, wendet sich von ihr ab. Eisiges Schweigen auf beiden Seiten.

Nach einiger Zeit fragt sie: »Und warum hast du mir nicht früher gesagt, daß unser Konto nicht gut aussieht?« Er antwortet nicht. »Dann hätte ich diese dämliche Waschmaschine nicht gekauft,« fährt sie fort.

Plötzlich geht ihm etwas auf. »Dämliche *Waschmaschine?*« hört er sich sagen. Er setzt sich wieder, sieht sie an, schüttelt den Kopf, sagt nur: »Wenn wir uns beruhigt haben, sollten wir uns mal über diesen Streit unterhalten.«

Lachen macht schön

Schon von draußen hört sie sein Lachen. Als er die Tür öffnet, fällt er ihr um den Hals und lacht noch mehr. Sein Lachen steckt sie an. Schließlich bringt sie die naheliegende Frage heraus: »Was ist denn?«
Er beruhigt sich noch immer nicht. Schließlich läßt er sich erschöpft in den Sessel fallen. Seine ersten Satzversuche scheitern. Schließlich erzählt er, was vorgefallen ist:

Auf der Fahrt nach Hause hatte er ein Plakat gesehen, auf dem geschrieben stand: »Lach doch mal wieder.« Und darunter in kleinerer Schrift: »Deiner Frau zuliebe.« Als ob man sich zum Lachen entschließen könnte! Das hatte er so komisch gefunden, daß er erst leise, dann immer lauter zu lachen begonnen hatte. Schließlich hatte ihn eine Lachwelle überrollt.

Nach einer Weile sagt sie: »Ich finde den Satz gar nicht so dumm.« »Ich inzwischen auch nicht mehr«, lacht es wieder aus ihm heraus. Dann nimmt er zärtlich ihr Gesicht in beide Hände und flüstert ihr zu: »Wenn du lachst, bist du noch schöner, als du's schon bist.«

TEIL 2

DIE LIEBE

IN

PARTNERSCHAFTEN

18

Liebe ist mehr als Bewunderung

Die Liebe lebt nicht nur von dem, was der eine am anderen »toll« findet und ihn begeistert. Sie lebt auch nicht nur von dem, was der eine vom anderen hat.
Liebe ist mehr als Bewunderung für Schönheit, Intelligenz oder Stärke, mehr auch als Leidenschaft für ihn oder sie.

Es kann sein, daß jemand von dieser oder jener *körperlichen* Eigenschaft des Partners sexuell erregt wird oder in eine bestimmte *seelische* Verhaltensweise verliebt ist – *Liebe* ist mehr als Sexualität und Eros.
Wer an seinem Partner nur »toll« findet, was er hat, liebt noch nicht das, was er ist.
Liebe ist mehr als ein körperlich-seelisches Gefühl. Sie kann das alles auch sein, doch reicht sie über das Gereiztwerden von attraktiven Eigenschaften und Verhaltensweisen weit hinaus.

Wer liebt, liebt vor allem das *Wesen* des anderen – das, was er ist und das, was er sein könnte, und ist deshalb auch in seinem *Geist* berührt.

Das Wichtigste
in der Ehe

In Mitch Alboms Buch »Dienstags bei Morrie – Die
Lehre eines Lebens« ist ein Gespräch zwischen dem
Autor und seinem alten, sich auf den Tod vorbereiten-
den Professor über die Ehe aufgezeichnet. Auf die
Frage nach möglichen Regeln für eine gelingende Ehe
nennt Morrie

* Respekt
* Kompromißbereitschaft
* Offenheit
* gemeinsame Werte.

Auf die Frage nach dem wichtigsten Wert sagt der alte
Mann – er selbst führte eine glückliche Ehe – den er-
staunlichen Satz: »Euer Glaube an die *Wichtigkeit*
eurer Ehe.« Dann schließt er die Augen und fügt hinzu:
»Ich persönlich glaube, daß es sehr wichtig ist zu hei-
raten, und daß du sehr viel verpaßt, wenn du es nicht
versuchst.«
Am Ende des Gesprächs zitiert der Sterbende eine Ge-
dichtzeile: »Liebt einander oder geht zugrunde.«

Liebe?

Seltsam – wenn sich zwei Menschen ineinander verlieben, sind sie bereit, füreinander die Sterne vom Himmel zu holen. Doch leben sie längere Zeit zusammen, scheint es, als hätten sie die Sterne nie gesehen.
Seltsam – wenn sich zwei Menschen ineinander verlieben, ist der eine für den anderen das größte Geschenk auf Erden. Doch leben sie miteinander die Mühen des Alltags, ist oft genug der eine für den anderen eine Last.

Häufig sind es vor allem wunderschöne *Vorstellungen* der eigenen Seele, die der eine auf den anderen im Zustand des Verliebtseins rasch überträgt –, Bilder, aus Wünschen geboren, von der Sehnsucht gespeist, die das andere, noch fremde Wesen verdecken.

Ob Verliebtheit eine Wahrnehmungsstörung sein kann?

Ob aus den Gefühlen der ersten Zeit wirkliche Liebe werden kann, wird sich in aller Regel erst dann zeigen, wenn der Flugsand der Zeit nichts ändern kann an dem großen, starken Gefühl.

Das Anderssein zulassen

Dieser Mensch, der meine Frau oder mein Mann ist, ist *anders,* ist von seinem Wesen her anders als ich. Wenn ich ihn liebe, dann meine ich sein Anderssein. Dann bestätige ich es. Dann will ich es. Dann will ich, daß er so ist, wie er ist. Dann will ich sein Sosein. Und darin allein liegt der Grund für eine gute Ehe oder Partnerschaft.

Dieser andere Mensch hat ein Recht darauf, daß er so ist, wie er ist. Nehme ich ihm dieses Recht, dann verbiege ich ihn, dann störe oder zerstöre ich sein Wesen. Dann bringe ich ihn um das, was wesenhaft zu ihm gehört. Dann nehme ich ihm das Beste, was er hat. Dann nehme ich ihm seine Unverwechselbarkeit. Und mir selbst nehme ich den Grund für eine gutes gemeinsames Leben.

Wenn ich jedoch diesen Menschen in seinem Anderssein sehe und nehme, wie er ist, dann helfe ich ihm, sich selbst zu entbinden und zu entfalten. Dann wird er das Beste aus sich heraus leben. Dann helfe ich ihm, lebensbejahend und liebesfähig und also ein ganzer Mensch zu werden. Und was er ausstrahlt, kann dazu führen, daß auch ich mein Wesen zu leben beginne.

Das Fremde am anderen zulassen

Selbst dann, wenn sich zwei Menschen lieben und sich gut zu kennen meinen, werden sie einander nie ganz verstehen. Jeder hat seine eigenen Gene, seine eigene Geschichte, seine eigenen Erfahrungen, seine ihm eigene Individualität.

Und außerdem ist die Seele weit wie das Meer.

Glücklicherweise braucht das niemanden zu beunruhigen, denn »mit einem Menschen, den wir ganz verstanden haben«, hat der Philosoph Arno Plack treffend gesagt, »sind wir in gewisser Weise fertig.«

Keiner kommt mit der Suche danach, wer der andere sei, jemals zu einem Ende. Doch gerade diese letzte Fremdheit des anderen »bindet«, so Plack, »das liebende Interesse.«

Wer die Tatsache der bleibenden Fremdheit seines Partners begriffen hat, wird ihm gegenüber aufmerksam bleiben und es »spannend« finden, mit ihm zu leben.

Du und ich

Du bist nicht ich. Du bist niemandem gleich.
Du darfst mit niemandem verwechselt werden.
Du bist ganz Du. Dich gibt es nur einmal.

Und ich?
Ich bin nicht Du. Auch ich bin niemandem gleich.
Auch ich darf mit niemandem verwechselt werden. Ich bin ich. Auch mich gibt es nur einmal.

Ob wir uns trotz unseres Andersseins verstehen kön-nen?

Das hängt davon ab, ob Du mich sein läßt,
und davon,
ob ich Dich sein lasse.
Das hängt also davon ab, ob wir begreifen, daß Du Du bist und ich ich bin.

Nur davon?
Nein. Vor allem davon, ob wir uns lieben. Doch wenn wir uns lieben, lassen wir einander sein.

Sich zurücknehmen

In seiner freien Zeit möchte *er* am liebsten zu Hause sein. Denn sein Beruf ist anstrengend, und er hat viel mit unterschiedlichen Menschen zu tun, auf die er sich einstellen muß.
Sie möchte, wenn beide freie Zeit haben, am liebsten unterwegs sein, denn sie hat tagsüber wenig mit Menschen zu tun. Die Wünsche der beiden sind also sehr unterschiedlich.

Wenn zwei Menschen miteinander leben und glücklich bleiben oder werden wollen, wenn sie darüber hinaus Gleichberechtigung für eine Selbstverständlichkeit halten, dann ist klar, daß jeder sich täglich in dem und jenem und dem andern auch zurückzunehmen hat in dem, was er will und was er sich wünscht.

Wird dieses Grundgesetz der Partnerschaft nur als lästige Pflicht betrachtet, wird die Beziehung im Lauf der Zeit scheitern.
Wird dieses Gesetz als *Möglichkeit* gesehen, dem anderen liebevoll entgegenzukommen, werden beide in ihrer Liebe zueinander wachsen.

25

Die große Liebe

Ob es sie gibt, die große Liebe? Ja. Doch worin ist sie begründet?

Zweifellos auch darin, daß zwei Menschen in besonderer Weise zueinander »passen«, körperlich, seelisch, geistig. Leider zeigt sich jedoch immer wieder, daß ein solches Paar zunächst ein Wunder nach dem anderen erlebt und sich dann trotzdem irgendwann entfremdet. Das heißt: Selbst dann, wenn die Voraussetzung für die große Liebe gegeben ist, scheint damit ihre Entfaltung und Bewahrung noch keineswegs gewiß zu sein. Ihre Weiterentwicklung hängt von anderen Faktoren ab: von der bleibenden Aufmerksamkeit und der bleibenden Offenheit füreinander.

Ob es auch die große Liebe gibt, wenn ein Paar nicht so furios beginnt wie jenes, das »füreinander bestimmt« zu sein scheint? Ganz gewiß. Und warum? Weil die Liebe, wie alles Leben, nicht statisch, sondern dynamisch ist. Und deshalb werden auch Liebende, die im Lauf der Zeit zunehmend ihre Liebe zueinander entdecken, so miteinander leben können, als seien sie »füreinander bestimmt«. Und wodurch? Durch Aufmerksamkeit und Offenheit füreinander.

Das schönste Wort

Nicht wenige Partner haben, obwohl sie sich lieben, mit dem schönsten Wort der Welt ihre »liebe« Not – sowohl die darauf Wartenden als auch die, von denen es erwartet wird. Andere dagegen, die sich lieben, bringen ihre Liebe »nur« durch Gesten oder Handlungen zum Ausdruck und sind dabei glücklich.

Wahrscheinlich jedoch sind die Herzen der meisten Menschen nie wärmer als dann, wenn der eine zum anderen sagt: »Ich liebe Dich.«

Wahrscheinlich sind ihre Gesichter nie schöner als dann, wenn der eine dieses Wort sagt und der andere es annimmt.

Wahrscheinlich fließt für sie aus keinem Wort mehr Hoffnung, Kraft und Leben als aus diesem.

Ich liebe dich

Du hast dich schön gemacht für mich.
Du weißt, daß ich das mag.
Doch du weißt auch, daß meine Liebe zu dir
darauf nicht angewiesen ist.

Du bist schön für mich auch ohne Kunst:
Schön finde ich deine Augen, schön dein Gesicht.
Gern lege ich meine Hand behutsam
auf dein schönes Haar.

Schön klingt für mich deine Stimme,
schön erscheinen mir die Bewegungen
deiner Hand.
Schön ist für mich, wenn du bemerkst,
daß ich dich von der Seite ansehe.

Doch schöner noch finde ich dein Wesen,
das, was du ausstrahlst,
das, was du bist.
Und *deshalb* liebe ich dich.

Die Liebe schließt die Treue ein

Wenn Menschen gelernt haben, einander zu lieben und zu verstehen, den anderen wachsen zu lassen und sich selbst auch –,

wenn ihnen deutlich geworden ist, daß Ehe und Partnerschaft vor allem bedeutet, einander zu fördern – an Leib, Seele und Geist –,

dann wird Treue weder als schweres Joch noch als moralistische Beschneidung der Freiheit empfunden, sondern als selbstverständlicher Ausdruck der Liebe. Warum?

Weil der eine für den anderen unersetzlich geworden ist.

Seltsam, daß treulose Menschen häufig äußerst empfindlich reagieren, wenn sie an ihrem Partner auch nur den Anflug von Untreue entdecken. Und warum das? Nicht nur, weil ihr Besitztrieb gestört oder ihre Eitelkeit verletzt wird. Sie reagieren auch so empfindlich, weil sie selber mit Schmerzen entdecken, daß sie für den anderen scheinbar oder tatsächlich ersetzbar sind.

Ziele der
Partnerschaft

Was wollt ihr miteinander erreicht haben, wenn sich die letzten Runden eures Lebens nähern? Was wollt ihr überwunden, bewältigt, bearbeitet, erfahren, gelernt, was also miteinander gewonnen haben?

Was wollt ihr, wenn ihr euch einmal verabschieden müßt, einander sagen können? Vielleicht dieses?

Wir haben gelernt:

- einander zu sehen?
- aufeinander zuzugehen?
- Verantwortung füreinander zu übernehmen?
- uns so zu akzeptieren, wie wir nun einmal sind?
- Frieden zu finden?
- uns immer wieder neu zu entdecken?
- die Liebe wachsen zu lassen?

Darf ich davon ausgehen, daß ihr schon längst damit begonnen habt, diese oder ähnliche Ziele ganz wichtig zu nehmen?

Glück ist nicht selbstverständlich

Ein älterer, stets heiter wirkender Mann, der mit seiner Frau seit Jahrzehnten glücklich war, sagte in einem Seminar, in dem wir über die Ehe sprachen: »Glück in der Ehe ist nichts Selbstverständliches. Daher weiß ich nicht, ob wir es auch morgen haben werden.«

Auf den Einwand anderer Teilnehmer, er kokettiere mit diesem Satz, wurde er sehr ernst und entgegnete: »Je selbstverständlicher Sie das Glück in einer Ehe nehmen, desto unaufmerksamer werden Sie Ihrem Partner gegenüber. Wenn Sie dagegen so leben, als hätten Sie es an jedem Tag neu zu *suchen,* kann es sein, daß es ihnen nicht verlorengeht.«

Die Anwesenden schwiegen. Denn sie begriffen, daß sie gerade den wichtigsten Satz des Abends gehört hatten.

TEIL III

WAS DIE LIEBE BEHINDERT UND WAS SIE BEFREIT

Ärger

Ist das, was dich an *deinem Partner* ärgert, möglicherweise das, was auch dir selbst zu schaffen macht – zum Beispiel die Besserwisserei, die Unzuverlässigkeit, der Durst nach Freiheit oder das Nörgeln?

Ist das, was dich an dir selbst ärgert, möglicherweise das, was eure Beziehung *von deiner Seite her* schwierig macht – zum Beispiel der generöse Umgang mit der Wahrheit, die Unzufriedenheit, die Empfindlichkeit, die Fernsehsucht?

Vielleicht aber ist es etwas ganz anderes, womit du deinen Partner ärgerst. Es ist nicht unwichtig, das zu wissen.

Streß

»Was ist mit dir?« fragt sie, als er nach Hause kommt. »Ich hab' Streß,« antwortet er und geht an ihr vorbei. Wie häufig findet dieser »Dialog« nach der Arbeit statt!

Zu den in dieser Zeit besonderen Störenfrieden von Partnerschaften gehört der Streß (in seiner negativen Form). Streß hat tausend Ursachen. Sie liegen sowohl in der äußeren als auch in der inneren Welt. Das Spektrum der Ursachen reicht vom Lärm über »Zeitmangel« bis zur Ichschwäche.

Streß bedeutet:

Alles, was ich nicht will – und *doch* tue und erlebe bzw. tun und erleben muß, kann Streß verursachen. Alles, was mich in meiner Selbstbestimmung beschränkt und meinen Freiheitsraum einengt, kann mich negativ stressen.

Alles aber, was ich nicht will und doch tue und erlebe bzw. meine, tun und erleben zu müssen, macht nicht nur mich unfrei – meine Unfreiheit strahlt selbstverständlich auch auf meine Umgebung aus.

Was kann man dagegen tun?

- Den Streß erkennen und sich *eingestehen*!
- Sich die *Folgen* des Stresses vergegenwärtigen und veranschaulichen!
- Den *Entschluß* fassen, sich nicht mehr wie bisher durch die Tage gehen zu lassen.

Rollenverteilung

Er sitzt im Wohnzimmer. Sie steht in der Küche. Er liest die Zeitung. Sie kocht. Diese »Rollenverteilung« mag gut sein, wenn beide sie so wollen.
Doch häufig wollen beide sie so nicht! Meistens die Frau nicht, vor allem dann nicht, wenn auch sie berufstätig ist.

Kann es sein, daß manche Männer noch immer meinen, ihre Würde werde verletzt, wenn sie sich an der Arbeit im Hause beteiligen?
Oder meinen sie gar, es steigere ihre Würde, wenn sie ihre Frauen zu Hause allein arbeiten lassen?

Wenn sich ein Mann so dann und wann in seine Frau einfühlte und darin, was sie an Hausarbeit verrichtet, würde er kaum Mühe haben, sich an der Arbeit zu beteiligen – jedenfalls dann nicht, wenn er sie liebt.

Beruf und Partnerschaft

Frag' dich einmal nach den Hauptsachen in deinem Leben und in welcher Rangfolge du sie siehst. Die Antwort darauf wird dir wahrscheinlich sagen, welche Bedeutung du eurer Beziehung gibst.

Kann es sein, daß dir z. B. dein Beruf wichtiger ist als
deine Partnerschaft? Wenn das so ist – worum geht es
dir in deinem Beruf?
Um deine Aufgabe im Leben?
Um deine oder eure soziale Sicherheit?
Um deine Karriere?
Oder darum, daß du in deinem Beruf die Bestätigung
findest, die du zu Hause vermißt?

Worum es dir auch gehen mag – wichtig ist, daß es gute
Gründe geben muß, wenn dir dein Beruf wichtiger ist
als dein Leben mit ihr oder ihm.

Das besondere Gift:
Ichbezogenheit

Ichbezogenheit ist eine der besonders giftigen Quellen für Störungen zwischen Mensch und Mensch. Das gilt im besonderen für Menschen, die miteinander leben.

Der Ichbezogene bezieht sich auf sich. Er sieht nicht über sich hinaus. Er kreist um sich selbst. Wer bejaht, was *er* will, sagt oder tut, dem ist er wohlgesonnen. Wer ihm nicht widerspricht, ihn bestätigt oder lobt, gewinnt seine Sympathie.

Wer dagegen die Kreise des Ichbezogenen stört und sich seinen Wünschen nicht anpaßt, den trifft seine Kritik oder seine Aggression.
Der Ichbezogene denkt viel an sich. Er redet viel von sich. Er tut viel für sich. Er ist der Mittelpunkt im Kreise von Menschen oder will es jedenfalls sein.
Doch glücklich ist er nicht. Und wenn er es bemerkt, bezieht er sich wieder auf sich und setzt den unseligen Kreislauf fort.

Ob ein solcher Mensch geliebt wird? Seltsam genug, daß das immer wieder geschieht.
Ob ein solcher Mensch durch die Liebe des anderen verändert wird? Manchmal.
Ob ein solcher Mensch seine Ichbezogenheit überwinden kann? Ja, denn: »Menschsein heißt, sich verändern zu *können*« (Frankl).

Nicht alles wollen

Warum nur ist der, der wirklich liebt, so frei?
Weil er vom anderen nicht alles will.

Warum nur wird der, der wirklich liebt, selbst geliebt?
Weil er vom anderen nicht alles will.

Warum ist der, der wirklich frei ist, so liebevoll?
Weil er vom anderen nicht alles will.

Warum nur verschenkt sich das Leben gerade an den
freien Menschen?
Weil er vom Leben nicht alles will.

Wann kommt denn ein Mensch dazu, frei zu sein und
lieben zu können?
Dann, wenn er von der Liebe und der Freiheit und dem
Leben nicht alles will.

Rivalität

Wenn zwei Menschen ihre Beziehung zugrunde richten wollen, fangen sie an, miteinander zu rivalisieren.

Rivalität ist Machtkampf, Kampf um die Macht. Wer mit dem anderen rivalisiert, will sich selbst behaupten, will der Stärkere und Überlegene sein, ist kein Partner, sondern Gegner. Er sieht nur seine eigenen Wünsche und Bedürfnisse.

Rivalisierende sprechen in ihrem Partner nicht das Gute an, sondern das Dunkle, nicht das Liebenswerte, sondern das Störende, nicht die Liebe, sondern die Wut, wenn nicht den Haß.

Rivalisierende haben die Tendenz, ihre Machtkämpfe immer weiter zu forcieren – so lange, bis die Verhältnisse klar zu sein scheinen.

Rivalisierenden geht es nicht um das Wohl des anderen, sondern um das eigene. Und das kann nur den Tod der Liebe zur Folge haben.

Was kann man dagegen tun?

Das Problem erkennen, sich davon erschüttern lassen, sich an die frühere Liebe erinnern und sich fragen, was wohl wäre, wenn dieses Problem bliebe?

Und wer fängt mit der Arbeit an sich selbst an?

Der, der am meisten unter dem Rivalisieren leidet.

Eifersucht

Eifersucht ist niemals Liebe, sondern immer Streben nach Macht, danach nämlich, den anderen besitzen zu wollen.

Eifersucht ist der schlimme Versuch, den Partner zu fesseln, zu bannen und ihm seine Freiheit und Eigenständigkeit zu nehmen.

Eifersucht ist eine der übelsten Spielverderberinnen zwischen Menschen. Und weil das so ist, führt sie niemals ins Glück, sondern – in aller Regel – zum Verlust dessen, der mit Eifersucht traktiert wird.

Seltsam allerdings, daß die meisten eifersüchtigen Menschen selbst dazu neigen, ihrem Partner Grund zur Sorge zu geben.

Eifersucht ist eine Form des Mißtrauens. Mißtrauisch ist der Mensch, der wenig hofft, wenig glaubt, wenig wagt. Vielmehr wartet er. Er wartet darauf, daß eintrifft, was er befürchtet. So aber zwingt er das, wovor er sich fürchtet, geradezu herbei. Das aber bestätigt ihn wieder in seiner düsteren Auffassung vom Leben.

Wer so lebt, bei dem wird das Leben nicht warm, und sein Partner schon gar nicht.

Vorwürfe

Von vielen Paaren, die unglücklich sind, erfahren wir, daß sie sich mit Vorwürfen, Vorhaltungen und beißender Kritik traktieren. Daraus entsteht verständlicherweise Groll, Bitterkeit, vielleicht auch Resignation. Und wenn man bedenkt, daß viele Menschen nicht gerade mit Selbstvertrauen gesegnet sind, wird klar, warum aufgrund solcher Verhaltensweisen viele Partnerschaften scheitern. Merkwürdig ist nur, daß dieselben Menschen, die ihren Partner häufig kritisieren, sich Fremden gegenüber liebenswert und zuvorkommend verhalten.

Wer die Liebe erhalten will, wird gut daran tun, sein Vorwurfsverhalten gründlich zu überprüfen. Darf ich Goethe zitieren? »Wenn wir die Menschen so nehmen, wie sie sind, dann machen wir sie schlechter; wenn wir sie aber so nehmen, wie sie sein sollen, dann machen wir sie zu dem, was sie sein können.«

Aggression als Weg zur Verständigung?

Die Märchen, Mythen und inneren Bilder haben vom Umgang mit Menschen eine z. T. andere Auffassung als manche Richtungen der modernen Psychologie. Denn sie sagen, daß in vielen schwierigen Situationen Aggression kein Mittel zur Lösung von Problemen sei.
Vielmehr ist – nach Auffassung der inneren Welt – der *sanfte, aber klare* Umgang mit feindlich wirkenden Menschen der weiterführende Weg.

Der Grund für diese Auffassung liegt, meine ich, darin, daß auch das Feindliche im Leben letztlich darauf wartet, von seiner eigenen Aggression befreit zu werden. Denn Aggression ist, wie die Liebe, ein unteilbares Gefühl. Es trifft nie nur den, dem die Aggression gilt – es füllt auch den Aggressiven selber aus.

Wie viele Partnerschaften würden nicht scheitern, wenn diese Weisheit der inneren Welt verstanden würde!

Nicht zu hohe Ansprüche an die Liebe stellen

Viele, die die Liebe gefunden haben, sehen in ihr die einzige Hauptsache im Leben. Das ist verständlich und trotzdem problematisch.

Es ist eine Gefahr zu meinen, die Liebe müsse *immer* fühlbar sein. Es gibt Zeiten, in denen sie von Schwierigkeiten verdeckt ist, die von außen oder von innen kommen. Denn auch die Liebe wird in dieser Welt gelebt und ist daher unvollkommen wie alles andere auch.

Eine andere Gefahr: Jeder Mensch wird allein geboren, jeder stirbt allein, und darum ist auch jeder dazu herausgefordert, selbständig leben zu können. Wer aber in der Liebe zum Partner die einzige Hauptsache sieht, lebt einseitig, nicht vielseitig, verarmt auf Dauer.

Wer die Liebe zur alleinigen Hauptsache macht, wird für den Partner auf Dauer nicht der anziehende Gegenpol bleiben, der er vielleicht einmal war.

Wenn eine Beziehung symbiotisch wird, verlieren beide Partner ihr eigenes Profil und damit die wichtigste Bedingung für die Weiterentwicklung der Liebe.

Keiner darf der Sinn des anderen sein

Es ist riskant, einen Wert zu verabsolutieren. Wer z. B. meint, nicht ohne diese eine Aufgabe, nicht ohne diese eine Anerkennung, nicht ohne Gesundheit, nicht ohne Haus, nicht ohne Kinder, nicht ohne diesen *einen* Menschen leben zu können, hängt sein Herz an dieses Eine und macht aus Irdischem Göttliches. Wenn ihm jedoch dieses Eine, ohne das er meint nicht leben zu können, verlorengeht, stürzt für ihn die ganze Welt zusammen. Er gerät in Verzweiflung. Leben geht so nicht, daß man sein Herz an etwas hängt, was sterblich ist wie wir selbst.

Verzweifeln kann allerdings auch der Partner eines solchen Menschen. Denn es gibt für ihn kaum Niederdrückenderes als dieses: für den anderen der Sinn seines Lebens sein zu müssen, sein »Ein und Alles«.

Kein Mensch hat das Recht, auch nicht einer, die Verantwortung für sein eigenes Leben einem anderen aufzuhalsen und sich an ihn zu hängen. Doch wenn das geschieht, wird die »Liebe« für den »Geliebten« zum kaum ertragbaren Joch.

Über die Partnerschaft hinaussehen

Ein Mensch ist beides: Individuum und Gemeinschafts-
wesen. Daher führt er nur dann ein erfülltes Leben,
wenn er beides lebt. Das gleiche gilt für Paare.
Es ist wichtig, wenn Partner miteinander über sich
sprechen. Es ist wichtig, wenn sie miteinander etwas
unternehmen und neue Bilder erleben. Wichtig ist auch,
wenn sie sich miteinander für die Zusammenhänge des
Lebens interessieren –, wenn sie miteinander zum Beispiel über ihre Aufgaben, über Kunst, Natur, Politik
oder Religion sprechen oder gemeinsam in diesen oder
anderen Bereichen handeln.
Wann immer das geschieht, erweitern sie nicht nur
ihren eigenen Horizont, erweitern sie nicht nur ihre gemeinsame Basis, sie erfahren auch, daß sie Teil des grö-
ßeren Lebens sind.
Aller Erfahrung nach sind Partner, die ihren Blick sowohl nach innen als auch nach außen richten, in ihrer
Beziehung weniger gefährdet als jene, die sich einseitig
orientieren.

Einsamkeit

Manchmal versteht einer den anderen nicht, obwohl er sich um Verständnis bemüht. Doch versteht er ihn vielleicht nur deshalb nicht, weil er nur von *seinem* Standort aus die Situation und das Leben überhaupt betrachtet.

Manchmal verletzt einer den anderen, ohne es wirklich zu wollen. Doch verletzt er ihn vielleicht nur deshalb, weil er sich selber treu bleiben will.

Manchmal sind Menschen, die sich lieben, einander fern, ohne es zu wollen. Doch sind sie es vielleicht nur deshalb, weil jeder für sich etwas mit sich allein auszumachen hat, das nicht die Sache des anderen ist.

Immer wieder werden Menschen, die einander nahe sind, sich nicht verstehen, einander verletzen und sich fern sein. So geht Leben. Dann aber kommt es vor allem darauf an, sich dem anderen auf Dauer nicht zu entziehen, sich nicht voreinander zu verschließen, sich einander nicht gegenüberzustellen.

Meine Freunde — deine Freunde

Freunde können ein heikles Thema sein, und das schon am Beginn der Partnerschaft. Die meisten Verliebten haben den Wunsch, den neuen Partner schon bald den Freunden vorzustellen. Es kann sein, daß der oder die »Neue« sich in dem neuen Kreis bald wohl fühlt, möglich ist allerdings auch das Gegenteil. Nicht selten entwickelt sich daraus ein Dauerkonflikt. Die Lösung?

Vielleicht helfen Fragen weiter. Zum Beispiel diese:

Kann es sein,
- daß der Partner, der mit dem neuen Freundeskreis nicht zurechtkommt, den anderen mit den Freunden nicht teilen möchte?
- daß er nicht wie gewohnt im Mittelpunkt steht?
- daß er seine Abneigung gegen einen Menschen auf den ganzen Kreis überträgt?
- daß er aufgrund seiner Bildung (nicht die Herzensbildung ist gemeint) auf die Freunde des Partners herabsieht?
- daß er die gute Geschichte des Freundeskreises verkennt?

Es kann aber auch sein, daß der Freundeskreis tatsächlich nicht zum Partner paßt und es für ihn und die neue Beziehung wichtig wäre, sich von ihm zu distanzieren.

Konstruktiv streiten

Wenn es zum Streit kommt, ist es wichtig, *konstruktiv* zu streiten. Destruktives Streiten wäre zum Beispiel:

– nicht hinzuhören auf das, was sie/er sagt,
– sie/ihn nicht zu Wort kommen zu lassen,
– sich nicht in sie/ihn einzufühlen,
– sie/ihn nicht zu fragen,
– den eigenen Standpunkt zu vermauern,
– sich permanent zu rechtfertigen,
– den anderen anzugreifen,
– ihm Schuldgefühle zu injizieren,
– nur wütend zu streiten.

Konstruktives Streiten, das wäre das Gegenteil von alledem.

Brücke und Mauer

Wenn sich zwei Menschen liebevoll ansehen, dann bauen sie in Windeseile eine unsichtbare *Brücke* von einem zum anderen. Und jeder von ihnen kommt rasch bei dem anderen an.

Wenn sich zwei Menschen ablehnend gegenüberstehen, bauen sie, jeder für sich, in Windeseile eine *Mauer*, die jeden vom anderen noch weiter trennt. Und jeder von ihnen starrt gegen die Mauer.

Wenn einer von ihnen die Mauer nicht wollte, verlöre der andere – das könnte ja sein – seine grimmige Lust an dem häßlichen Bau.

Freiheit ist kein Trieb

Konflikte bahnen sich an,
Lösungen müssen wir suchen.

Von Wut werden wir überfallen,
um Versöhnung müssen wir ringen.

Von Trieben werden wir getrieben,
nach Freiheit müssen wir uns ausstrecken.

Kälte stellt sich ein,
die Quelle der Wärme müssen wir finden.

Entfremdung bahnt sich an,
um Neubeginn müssen wir uns bemühen.

Verliebtsein kommt von selbst,
die Liebe müssen wir entfalten.

Gedanken der Trennung fliegen herbei,
an Kräfte der Liebe müssen wir uns erinnern.

Die *Entscheidung* für die Partnerschaft
ist ein einmaliger Akt,
die *Entschiedenheit,* sie durchzuhalten,
bedarf vieler Entscheidungen.

Voraussetzungen für ein gutes Gespräch

Die Basis für eine gelingende Partnerschaft ist die Fähigkeit, gut miteinander sprechen zu können. Ein gutes Gespräch bedarf bestimmter Voraussetzungen:

- den anderen anzusehen
- den anderen ausreden zu lassen
- die Bereitschaft, *miteinander* sprechen zu wollen
- wahrhaftig zu sein
- offen füreinander zu sein
- die Bereitschaft, *hinzuhören*
- die Bewußtmachung der Tatsache, daß der andere nicht meinen, sondern seinen Blickwinkel hat
- so wenig wie möglich Probleme von sich auf den anderen zu schieben
- keine Macht- und Rivalitätskämpfe auszutragen
- das Liebenswerte des anderen nicht aus dem Blick zu verlieren
- auch einmal miteinander zu schweigen und auf neue Worte zu warten
- zu fragen, wie aus dem Gespräch Handlung werden kann.

»Wo ... das Gespräch sich in seinem Wesen erfüllt zwischen Partnern, die sich einander in Wahrheit zugewandt haben, sich rückhaltlos äußern und vom Scheinenwollen frei sind, vollzieht sich eine denkwürdige, nirgendwo sonst sich einstellende gemeinschaftliche Fruchtbarkeit« (Buber).

Ein fast ideales Gespräch

Sie: »Hast du was?«

Er: »Wieso?«

Sie: »Du bist so still.«

Er: »Ich bin müde.«

Sie »Du *hast* doch was!«

Er: »Was soll schon sein?«

Sie: »So kenne ich dich gar nicht.« Er zündet sich eine Zigarette an. Dann sagt er leise: »Ich hab' mich da in etwas verrannt.«

Sie: »In was?«

Er: »Ich hab' eine Frau kennengelernt.«

Sie: »Also doch!«

Er: »Was heißt das?«

Sie: »Ich hab's geahnt.«

Dann erzählt er ihr von seiner Affäre. Sie hört ihm fast ruhig zu. Dann:

Sie: »Willst du sie wiedersehen?«

Er: »Wollen nicht, mögen schon.«

Sie: »Erzählst du mir, wie es weitergeht?«

Er: »Womit?«

Sie: »Mit dir – innerlich und äußerlich?«

Er: »Mach' ich.«

Sie: »Ich laß dir Zeit.«

Er: »Warum explodierst du nicht?«

Sie: »Weil ich an dich glaube.«

Er: »Was meinst du damit?«

Sie: »Weil ich daran glaube, daß du wegen einer Affäre nicht unsere Ehe aufs Spiel setzen wirst.«

Er: »Daß du so reagierst…«

51

Klarheit

Wenn einer dem anderen die »Wahrheit« sagt, wird der andere den einen sicher nicht anstrahlen. Wenn einer den Interessen des anderen nicht entgegenkommt, wird der andere den einen bestimmt nicht umarmen. Und doch: Es gibt für das Zusammenleben von Menschen ein Zauberwort. Es heißt Klarheit. Klar ist und verhält sich ein Mensch, der – so weit wie möglich – sagt, was er meint, und tut, was er sagt.

Wer klar ist und sich so verhält, drückt sich *selbst* aus, ist erkennbar. Er macht es dem anderen leicht, sich auf ihn einzustellen. Er vermeidet Mißverständnisse. Er mutet sich dem anderen zu und ermutigt ihn dazu, auch seinerseits klar zu sein.

Wenn sich ein Partner dem anderen gegenüber klar verhält, wird er ihn zwar nicht immer beglücken, gewiß aber wird der andere ihn nicht weniger lieben, weil er sich auf ihn verlassen kann.

Fast ein Allheilmittel

Es gibt ein Mittel zur Überwindung von Beziehungs- und Partnerschaftskonflikten, das gründlicher hilft als jedes andere. Es könnte viele Therapien und Beratungen überflüssig machen. Es könnte sogar, wendeten es nur genügend viele Menschen an, Gemeinschaften, Gesellschaften, Staaten geradezu beglücken.
Trotzdem ist dieses Mittel bei Menschen unbeliebt. Denn es verlangt Wahrhaftigkeit, Bereitschaft zur Distanzierung von Wut und Haß – und Selbstdisziplin.

Von welchem Mittel ist die Rede?
Von der gelebten Bereitschaft, bei Konflikten immer wieder neu

sich selbst
sich selbst
sich selbst

nach den *eigenen* Anteilen an dem Konflikt zu fragen und daraus *Konsequenzen* zu ziehen.

Ob das schwer ist oder leicht? Das hängt vor allem davon ab, wie ernst man sich selbst nimmt.

Fehler eingestehen

Gibt es Schwierigeres als dieses: Uns selbst und anderen eigene Fehler einzugestehen? Dabei gibt es in einer Partnerschaft für ein gelingendes Zusammenleben kaum Wichtigeres als das. Woran liegt es nur, daß wir uns damit so schwer tun?
An unserer Unwissenheit. Und warum das?
Weil wir offenbar nicht wissen,

- daß kaum etwas eine Beziehung so stark belastet wie Mangel an Offenheit
- daß kaum etwas einen Menschen sympathischer macht als ein »freies Bekenntnis«
- daß kaum etwas freier macht als der freie Blick in die eigenen dunklen Zonen
- daß kaum etwas so sicher die eigene Identität bildet und damit zu echter Partnerschaft qualifiziert wie das Eingeständnis dessen, was identitätsfremd ist
- daß kaum etwas auch den anderen so rasch öffnet wie die eigene Offenheit
- daß kaum etwas mehr Kraft kostet als verdrängte Wahrheiten.

Mit sich selbst zuerst sprechen

Manches Schweigen in der Beziehung, manche innere Abkehr, manche Flucht oder Trennung kommen daher, daß der eine oder auch beide versäumten, zuerst *mit sich selbst* und *dann* mit dem anderen zu sprechen. Worüber?

Frag' dich, was du dir *ungern* eingestehst. Was das sein kann? Frag' dich z.B., ob du die alte Liebe *ausgetrauert* hast? Manchmal nämlich sieht der eine den anderen nicht wirklich, weil ein altes Bild – mit viel Duft der Jugendzeit – den Blick für die gegenwärtige Liebe verstellt.

Vielleicht auch hast du das Gefühl, deinem Partner unterlegen zu sein –, daß du ihn nicht mehr wie früher begehrst, – daß du ihn vernachlässigst –, daß du vor allem deine Vorteile suchst –, daß dich etwas stört, was du ihm nicht sagen magst –, daß du Wichtiges an ihm vermißt etc.

Und solltest du meinen, über all diese Dinge mir ihr oder ihm nicht sprechen zu können, dann frag' dich auch, ob du die Partnerschaft gefährden könntest, wenn diese wichtigen Dinge ungesagt blieben.

Du verstehst mich nicht mehr

»Wir verstehen uns überhaupt nicht mehr«, sagt der eine zum anderen. Ob das stimmt? Und ob der, der diesen Satz sagt, ihn auch so meint?

Vielleicht meint er das: Ich finde keine Worte mehr für das, was ich dir sagen möchte. Was ich dir sage, kommt nicht bei dir an, und deshalb bin ich hilflos.
Vielleicht meint er auch dies: Du siehst an mir nur noch das Negative, Unfertige, Unvollkommene, nicht mehr das, weswegen du mich einmal geliebt hast, und deshalb bin ich mutlos.
Vielleicht meint der Satz: Du *willst* mich nicht verstehen. Du denkst, weil du beleidigt bist, nur an dich. Du suchst keine Brücke zwischen dir und mir, und deshalb bin ich ratlos.
Vielleicht aber ist der Satz auch nur Ausdruck von Trotz oder Wut und deshalb einer, der die schwierige Situation noch schwieriger macht.

Was tun in einer solchen Situation?
Möglicherweise eine Weile schweigen,
nachdenken, sich besinnen,
fragen, wie der Satz tatsächlich gemeint sein könnte,
weitere Aggressionen vermeiden, denn selten nur führt ein aggressives Gespräch zum Verstehen.

Recht oder Liebe

Sie sitzen beieinander. Sie schweigen. Manchmal treffen sich kurz ihre Blicke. Die Situation ist bedrükkend.
Sie wartet darauf, daß er zu reden beginnt.
Er wartet darauf, daß sie zu reden beginnt.
Sie wartet, weil er doch im Unrecht ist.
Er wartet, weil sie doch im Unrecht ist.
So warten beide darauf, daß der *andere* das erste Wort sagt.

Zu der Zeit, als beide die Liebe wichtiger fanden als das Recht, begannen beide zu sprechen, wenn »es« zwischen ihnen nicht stimmte. Und als beide miteinander zu sprechen begannen, fanden sie heraus, daß beide Sichtweisen verständlich waren.

Anständigkeit fordern

Von einem amerikanischen Verhaltenstherapeuten stammt dieser erfrischende Satz: »*Sei anständig zu den anderen – aber laß ihnen dann keine Ruhe, bis sie auch anständig zu dir sind.*«
Zweifellos kann dieser Satz, recht angewendet, auch einer Partnerschaft gute Dienste leisten. Das bedeutet konkret? Drei Beispiele:

Wenn er sie beschimpft hat, ist es nicht angebracht, ihm gegenüber gleich wieder freundlich zu sein. Denn so verführt sie ihn dazu, sich in einer ähnlichen Situation wieder gehen zu lassen. Wichtig wäre dagegen, ihm klar zu machen, daß sein Verhalten das Gegenteil von dem bewirkt, was er beabsichtigt.

Wenn sie sich ohne ersichtlichen Grund den ganzen Tag über »zickig« verhält, ist es nicht angebracht, ihr am Abend einen Blumenstrauß zu überreichen. Denn so wird sie in ihrem negativen Verhalten nur bestärkt. Wichtig wäre dagegen, ihr klar zu machen, daß ihre »Zickigkeit« ihre Attraktivität nicht gerade steigert.

Wenn er seine Wäsche auf den Boden fallen läßt, ist es nicht angebracht, wenn sie lächelnd bemerkt: »Ach, mein kleiner Chaot.« Denn selbstverständlich wird er am nächsten Tag seine Wäsche wieder fallenlassen. Wichtig wäre, ihm klarzumachen, daß sein Verhalten für sie eine Demütigung bedeutet.

Jasagen zum anderen

Was kann man tun, um seinem Partner das Gefühl zu vermitteln, bejaht zu sein?
Sie oder ihn *so oft wie möglich* konkret bejahen.
Was heißt das?
Einige einfache Beispiele:

Bringst du den Mülleimer weg?
Ja.
Hilfst du mir beim Einkauf?
Ja.
Rufst du für mich bei der Behörde an?
Ja.
Sprichst du mit dem schwierigen Nachbarn?
Ja.
Fährst du heute abend (das Auto)?
Ja.
Massierst du mir die Schulter?
Ja.
Bügelst du heute mal?
Ja.
Gibst du mir Geld?
Ja.

Und wer soll dieses Ja sagen?
Er *und* sie.
Sie *und* er.

Freunde sein

Jedes glückliche Paar weiß, wie wichtig die Freund-schaft in einer Liebesbeziehung ist.

Freunde machen einander Komplimente.
Freunde erweisen einander Gefälligkeiten.
Freunde sehen darauf, was dem anderen fehlt und was ihm gut täte.
Freunde sagen einander die Wahrheit.
Freunde erinnern den anderen an sein ungelebtes Le-ben.
Freunde meinen es mit dem anderen gut.
Freunde wollen Freunde bleiben.

Aufbau-Tag

Unsere Freunde haben ein wundersames Ritual. Sie nennen es den » Vater-Aufbau-Tag«. Es findet an jedem Freitag statt. Wenn der Vater von der Praxis nach Hause kommt, gestreßt von vielen Patienten, mürrisch in sich selbst, beginnt das Ritual.

Seine Frau hat ein hervorragendes Essen vorbereitet, ihm die Hausschuhe bereitgestellt, seine Lieblingsmusik eingeschaltet. Sein Sohn bedient ihn beim Essen, rückt ihm anschließend das Kissen im Sessel zurecht, holt für ihn die Zeitung. Möchte er nicht lesen, setzen sich Mutter und Sohn zu ihm. Wenn er erzählen möchte, hören sie ihm andächtig zu. Wenn sie erzählen sollen, sind sie gern dazu bereit. Das ganze Ritual verläuft äußerst heiter. Niemand nimmt das, was geschieht, ganz ernst. Und gerade deshalb wird im Hause der Freunde am Freitag viel gelacht.

Selbstverständlich sind alle drei längst auf die Idee gekommen, auch einen *Mutter-Aufbau-Tag* einzuführen. Allerdings müßten diese besonderen Tage im Wechsel stattfinden, denn bekanntlich ertragen Menschen das Glück nur häppchenweise.

Aufmerksamkeiten

Du weißt, was dein Partner gern hat? Es muß nicht immer ein bestimmter Tag sein, an dem du ihm zeigst, daß du besonders an ihn denkst.

Du weißt auch, womit du ihn oder sie zu oft »beglückst«? Der an jedem Samstag verabreichte Blumenstrauß zum Beispiel könnte einmal deinen Mangel an Phantasie aufdecken.

Denkst du noch daran, wie schön es war, einen Liebesbrief zu lesen? Du hast schon lange keinen mehr erhalten? Du hast auch selber schon lange keinen mehr geschrieben? Aus dem Alter seid ihr heraus? Ist es denn nie mehr schön zwischen euch? Ich selbst weiß, wie gut es tut, einen Brief solcher Art vorzufinden, auf dem Frühstückstisch, unter dem Kopfkissen, oder...

Womit könntest du deine Frau, deinen Mann sonst noch erfreuen?

Mit einer Kinokarte?

Mit dem Verzicht auf deinen Lieblingskrimi?

Mit einem Streicheln, einem Kuß?

Mit einem Gutschein?

Mit einer selbstgepflückten Blume?

Mit einer kleinen Tasse, die sie vorgestern im Schaufenster bestaunte?

Mit einem dezenten Lob?

Mit einem Spaziergang?

Mit einem alten Foto?

Mit einem eigenen kleinen Gedicht?

Mit der Zubereitung des Essens?

Mit einer lang zurückgehaltenen Liebeserklärung?

Geburtstag

Eine besondere Gelegenheit, dem Partner Aufmerksamkeit zu schenken, ist sein Geburtstag:

Ein zart am Bett gesungenes Geburtstagslied könnte den Festtag eröffnen.
Der mit Kerzen und frischen Brötchen zubereitete Frühstückstisch versteht sich von selbst.
Mehrmalige Anrufe vom Arbeitsplatz mit der Anrede »Geburtstagskind« sind eine weitere Möglichkeit.
Ist da vielleicht eine alte Freundin oder ein alter Freund, die oder der als Überraschungsgast eingeladen werden könnte?
Was gäbe es Besonderes für den Abend? Ein Spiel? Musik? Ein Gang mit den Gästen zur benachbarten Eisdiele oder zu einem Konzert?
Oder – oder...

Wichtig könnte auch sein, vor dem Schlaf den Tag noch einmal Revue passieren und die schönsten Eindrücke noch einmal nachwirken zu lassen.

Attraktivität

Was findest du attraktiv an deiner Frau?
Ihr Haar?
Ihr Gesicht
Ihren Mund?
Ihre Figur?
Ihre Beine?
Ihr Parfum?
An ihr *Wesen* denkst du bei dieser Frage nicht?

Was findest du attraktiv an deinem Mann?
Seinen Erfolg?
Seine Kraft?
Seine Souveränität?
Seine Leidenschaft?
Seinen Witz?
Seinen Charme?
Ihn *selbst* hast du bei dieser Frage nicht im Blick?

Auf die Stärken sehen

Es gibt Partner, die nach den Wonnen des Verliebtseins damit beginnen, den anderen vor allem auf seine Schwächen anzusprechen, zum Beispiel auf seine nicht günstig erscheinende Figur, seine Herkunftsfamilie, seinen beruflichen Status, seinen Mangel an Bildung, seine Sprache, seine Ängstlichkeit, seine Neigung zur Melancholie, die Art seines Lachens, seine Unfähigkeit zu weinen ...

Wer jedoch vor allem darauf sieht, was der andere nicht ist, nicht hat, nicht kann, fixiert ihn immer mehr auf seine Mängel. Wen wundert's, wenn ein solcher Partner immer mehr an Attraktivität und Selbstwertgefühl verliert!

Anders dagegen der Mensch, der vor allem auf die Stärken seines Partners sieht, zum Beispiel auf seine Grübchen oder den aufrechten Gang, auf seine Stimme oder bestimmte Gebärden, auf seine Bereitschaft, der Angst zu widerstehen oder der Morgenmuffelei Herr zu werden, auf seine Ehrlichkeit oder darauf, sich rasch wieder versöhnen zu können.

Wer bei seinem Partner vor allem darauf sieht, was er in guter Weise ist, hat und kann, bejaht ihn und verhilft ihm dazu, immer mehr er selbst zu werden. Und je mehr beide Partner zu sich selbst kommen, desto lieber gehen sie aufeinander zu.

Den anderen wachsen lassen

Kein Mensch bleibt so, wie er ist. Das ist das Besondere an ihm. Verändert er sich nicht, bleibt er in seiner Entwicklung stehen. Deshalb wird der, der liebt, froh darüber sein, wenn sich sein Partner so verändert, daß er mehr und mehr er selber wird.

Die Zeiten der Veränderung sind allerdings häufig schwierig –, für den, der sich weiterentwickelt, mehr vielleicht noch für den, der noch nicht weiß, wie sich die Veränderung des anderen auf die Partnerschaft auswirken wird.

Das aber ist das besondere Merkmal der Liebe, daß der eine den anderen wachsen *läßt*. Und zweifellos ist dieses Zulassen die größte Gewähr dafür, daß die gemeinsame Liebe nicht verlorengeht.

Du sagst vielleicht, dein Partner habe sich zu weit von dir fortentwickelt. Meinst du damit, daß er nicht mehr ganz deinen Vorstellungen entspricht? Hat er sich denn *menschlich* weiterentwickelt? Wenn das so wäre, worüber klagst du dann?

Vielleicht sagst du auch, dein Partner habe sich *nicht* weiterentwickelt. Ob das stimmt? Und wenn's so wäre – lag es nur an ihm?

Und du? Hast du dich weiterentwickelt?

Wichtig ist, daß sich beide Partner weiterentwickeln. Und das wäre Liebe, wenn der eine darauf achtgäbe, daß der andere zu dem käme, was ihm am Herzen liegt.

Das Gesicht kennen

Seltsam – so manches Mal habe ich Menschen unbeabsichtigt in Verlegenheit gebracht – durch die Frage, wie das Gesicht des Partners aussehe.

Es kann ja sein, daß der Befragte einen Blick nur für das Wesentliche hat.

Es kann auch sein, daß er oder sie vor lauter Vertrautheit Einzelheiten nicht präsent hat.

Es kann ja sein, daß der befragte Partner besonders in ein Detail verliebt ist und deshalb anderes nicht beachtet.

Sein kann aber auch, daß der eine den anderen schon lange nicht mehr angesehen hat.

Sich berühren

Es ist so wichtig, daß Partner sich manchmal berühren – und nicht nur in der Nacht. Denn das *innere* Berührtsein bedarf auch des *äußeren* Berührtwerdens.

Wenn sich zwei Menschen entgegengehen,
entsteht *Entgegenkommen.*
Wenn sich zwei die Hände reichen,
entsteht eine *Brücke* zwischen ihnen.
Wenn sich zwei nahe sind,
entstcht zwischcn ihnen *Nähe.*
Wenn sie sich anlehnen, der eine an den anderen,
entsteht *Zusammenhalt.*
Wenn sie sich umarmen,
entsteht *Einssein.*
Wenn sie sich wieder voneinander lösen,
gehen beide wärmer in ihr eigenes Leben zurück.

Einander in die Augen schauen

Es tut gut, einander oft in die Augen zu sehen, weil die Augen die *Brücke* sind zwischen der einen und der anderen Seele.

Wenn Menschen einander ansehen, schenken sie sich Ansehen.

Wenn sie sich Ansehen schenken, fühlen sie sich akzeptiert.

Wenn sie sich akzeptiert fühlen, hören sie einander zu und sind füreinander offen.

Wenn sie füreinander offen sind, erkennen sie leichter, was der andere denkt, empfindet und fühlt.

Wenn sie erkennen, was in dem anderen vorgeht, erkennen sie vielleicht auch das, was sie schon lange nicht mehr von dem anderen gesehen haben.

Wenn sich zwei Menschen in die Augen schauen, sind sie einander nahe.

Sich miteinander freuen

»Durch die Freude wird der Sinn seßhaft. Aber durch die Schwermut geht er ins Exil«, hat einmal ein Rabbi gesagt.

Woran könnten Partner sich miteinander freuen? An vielem, zum Beispiel daran,

daß beide sich an ihre zauberhaften Anfänge erinnern,
daß sie eine gemeinsame Geschichte haben,
daß sie miteinander Hoffnungen haben,
daß sich der eine auf den anderen verlassen kann,
daß sie miteinander »durch Dick und Dünn« gehen,
daß sie miteinander weinen und lachen können,
daß sie sich Zeit füreinander nehmen,
daß sich beide für bestimmte Dinge interessieren,
daß der eine den anderen fördert,
daß sie füreinander Ideen entwickeln,
daß sie sich füreinander schön machen,
daß sie aneinander Lust haben,
daß sie einander lieben.

Miteinander Zeit verbringen

Eine der häufigsten Ursachen für Partnerschaftskonflikte besteht darin, daß er sich oder sie sich oder beide sich zu wenig Zeit füreinander *nehmen*.

Zeit ist ja nichts Abstraktes. Zeit ist bekanntlich Zeit zum Leben: Zeit zum Sprechen, Zeit zu gemeinsamem Schweigen, Zeit zum Zärtlichsein, Zeit zu gemeinsamen Unternehmungen, Zeit zu gemeinsamem Lachen, Zeit zu gemeinsamem Weinen, Zeit zu gemeinsamem Dasein.

Wenn ein Paar genügend Zeit miteinander verbringt, kann es gemeinsam *neue* Eindrücke und *neue* Bilder sammeln, kann das Verstehen wachsen, kann die Liebe wachsen, kann sich eine gemeinsame Lebensgeschichte entwickeln.

Du hast so wenig Zeit? Du weißt nicht, worüber ihr ständig reden sollt? Anderes ist dir oft wichtiger als dein Partner? Was kann das sein? War das schon immer so? Warum ist das so? Worüber sprecht ihr nicht? Ihr sprecht selten über euch? Ihr wünscht euch nicht mehr, vom anderen Neues zu erfahren?

Ich habe viele Partner erlebt, denen es wie euch erging, und viele Male auch ihr Glück darüber, sich wieder anzusehen, anzusprechen, beieinander zu sein, Neues zu erfahren. Ich habe auch viel Staunen darüber erlebt, was alles der andere in der Zeit des Entfremdetseins gedacht, gefühlt – und gewünscht hat.

Zu sich stehen

Du redest, wenn du schweigen möchtest?
Du weinst, wenn du die Wahrheit sagen möchtest?
Du beschönigst, wenn du wütend bist?
Du lächelst, wenn dir zum Weinen ist?
Du sagst ja, wenn du nein meinst?

Du bleibst, wenn du weglaufen möchtest?
Du läufst weg, wenn du bleiben möchtest?

Wenn du nicht selbst zu dir stehst – ob dann dein Partner zu dir stehen wird?

Selbstablehnung überwinden

Wenn das doch begriffen würde:
Jeder Mensch hat nicht nur die Möglichkeit, sich anzunehmen, sondern auch sich *abzulehnen*. Wer sich jedoch selbst ablehnt, will nicht das Gute für sich. Wer das Gute für sich nicht will, kommt nicht zu sich, ist nicht bei sich, ist nicht eins mit sich, erkennt sich nicht.
Und das hat Folgen:
Weil er so nicht leben kann, projiziert er immer wieder das Gefühl der Selbstablehnung auf andere, so daß er glaubt, andere seien gegen ihn. So macht er sich immer wieder Menschen zu Feinden, die von ihrer Feindschaft gegen ihn gar nichts wissen. Dieser unselige Mechanismus ist der häufigste Grund
für viele Mißverständnisse in der Partnerschaft,
für den Mangel an Versöhnungsbereitschaft,
für das Scheitern von Beziehungen,
für die Turbulenzen nach einer Trennung,
für das Scheitern neuer Beziehungen.

Und wie überwindest du die Selbstablehnung? Indem du zum Beispiel herausfindest,
von welchen alten Verletzungen du dich noch immer nicht verabschiedet hast,
was du dir ungern eingestehst,
wie dein ungelebtes Leben aussieht,
welchen wichtigen, *erfüllbaren* Lebenstraum du noch immer nicht lebst.

Selbstvertrauen entwickeln

Viele Paare kommen in Schwierigkeiten, weil der eine oder beide zu wenig Vertrauen zu sich selbst haben. Wer jedoch zu wenig Selbstvertrauen hat, neigt dazu, nicht an die Liebe des anderen zu glauben.

Wenn du lernen willst, dir selbst zu vertrauen, dann:
Schau dir an, wie du dich selbst ablehnst!
Sieh dir an, wie *du* dich durch die Tage gehen läßt!
Empöre dich gegen die Mißachtung deines eigenen Lebens!
Gestehe dir ein, daß du dich *selbst* zu wenig ernstnimmst!
Sieh dir an, wie du dich heute selbst behandelst.

Frag' dich nach deinem Selbstmitleid!
Laß die Schmerzen darüber zu, daß *du* es bist, der dir nicht vertraut!
Frag' danach, worin du dir selbst nicht treu bist!
Frag' auch danach, worin du dir treu bist!
Und fange heute an, dir selbst und anderen so wenig wie möglich auszuweichen!

Vertrauen schenken

Es gibt kaum Beglückenderes als dieses, daß einer dem anderen sein Vertrauen schenkt. Nicht, weil er besondere Vorzüge hätte, die Gründe für Vertrauen wären. Nein, das Beglückende liegt darin, daß er dem anderen sein Vertrauen *schenkt*.

Der Vertrauende beobachtet den anderen nicht. Er testet ihn nicht. Er ist nicht mißtrauisch und nicht eifersüchtig. Er glaubt daran, daß der andere ihn nicht enttäuschen werde. Ein solches Verhalten aber ist der Grund dafür, daß der Vertrauensvolle in aller Regel nicht enttäuscht wird.
Warum ist das so?
Das ist so, weil der, dem Vertrauen *entgegengebracht* wird (welch schönes Wort!), sich gewürdigt fühlt. Und gewürdigt fühlt er sich, weil seine besten Seiten in ihm angesprochen werden. Daher bindet ihn an den anderen nichts mehr als dessen Vertrauen.

Ach, wieviele Partnerschaften würden weniger leiden, wenn der eine dem anderen sein Vertrauen *schenkte!*

Unabhängig sein von der Meinung anderer

Die Abhängigkeit von der Meinung und dem Urteil anderer Menschen ist nicht nur eine Geißel Einzelner, sondern auch vieler Paare. Sie macht uns unfrei. Sie stiftet uns an, vieles zu tun, was wir gar nicht wollen oder manches zu unterlassen.

Wie befreit man sich von dieser Geißel?

Durch eine Frage. Und die Antworten darauf könnten eine Annäherung an *reale* Möglichkeiten bedeuten. Denn: »Die Umstände haben weniger Gewalt, uns glücklich oder unglücklich zu machen, als man denkt; aber die Vorwegnahme zukünftiger Umstände in Phantasie eine ungeheure« (von Hofmannsthal).

Die Frage lautet:

Was wäre, wenn ich frei wäre von der Meinung und dem Urteil anderer Menschen?

Die Antworten könnten zum Beispiel so aussehen:

Wir würden weniger arbeiten.

Wir würden auf manchen Luxus verzichten.

Wir würden am Wochenende bis zum Mittag schlafen.

Wir würden manche Einladung nicht annehmen.

Wir würden unsere benachbarten Ausländer einladen.

Wir würden Ferien in nächster Nähe verbringen.

Wir würden sechs Kinder in die Welt setzen.

Wir würden Gabi nicht zum Gymnasium schicken.

Wir würden nachts ins Kino gehen.
Wir würden sagen, daß wir an Gott glauben.
Wir würden hin und wieder unvernünftig sein.

Miteinander lachen

Wie schön ist es, viel miteinander zu lachen, über sich
selbst, manchmal auch über den anderen!
Wer über sich selbst lacht, nimmt sich selbst auf den
Arm, lacht über das Kind in sich, und Kindern gilt bekanntlich die größte Sympathie.
Wer über sich selbst lacht, nimmt – o, welche Wohl-
tat! – sein kleines Ich nicht gar so ernst und unterschei-
det leichter zwischen dem, was wirklich wichtig ist und
so wichtig nicht.
Findest du es zum Beispiel nicht komisch, wenn *du*
dich – immer wieder und immer an derselben Stelle –
über sie oder ihn aufregst oder dich ärgerst?

Es gibt das gute Lachen auch über den anderen, dann
nämlich, wenn der andere in großer Treue zu sich
selbst Marotten oder seltsame Verhaltensweisen prakti-
ziert, die einem so einsichtig nicht sind.

Amüsiert es dich zum Beispiel nicht, wenn *dein Partner* – immer wieder und immer an derselben Stelle – in
seine höchstpersönliche Falle tappt und *dich* dafür verantwortlich macht?

Wenn uns an uns selbst oder am anderen etwas auf-
geht, könnten wir auflachen, nicht immer, aber manchmal. Aufgehen aber wird uns vieles, wenn wir uns wenig verschließen. Und bleiben wir offen, kommt
(wieder) zum Vorschein, wonach wir uns am meisten
sehnen: die Liebe.

Das innere Kind leben lassen

Welche Hilfe für sie und ihn könnte darin bestehen, das »innere Kind« wieder zu entdecken. Dieses Kind ist die personifizierte Lebensbejahung. Es ist spontan, frei, liebesfähig, neugierig, kreativ, heiter, eben lebensbejahend.

Das »innere Kind« gehört keineswegs der Vergangenheit an, sondern lebt auch im Erwachsenen fort, auch wenn es sich schon lange nicht mehr bemerkbar gemacht hat.

Wie kann man es zum Vorschein locken?
Durch das, was kindlich ist:
durch Spiel und Tanz,
durch Lachen und Unvernünftiges,
durch Muße und Reisen,
durch das Suchen nach Gründen für Freude und die Erfüllung ausgefallener Wünsche (die gar nicht utopisch sein müssen),
durch Wagemut und gelebte Freiheit,
durch all das, was ein Kind liebt.

Woher ich das weiß? Aus vielen »Wanderungen« in die innere Welt, in der sich das »innere Kind« nicht nur kindlich zeigt, sondern auch kraftvoll – und weise.

Kultur ist wichtig

Jede Form von Kultur ist eine kleine Liebeserklärung an den anderen.

Wer z. B. seinen Körper, seine Kleidung pflegt –,
wer sich in seinem Verhalten nicht ständig gehenläßt –,
wer in schwierigen Gesprächen nach Worten *sucht* und nicht einfach redet –,
trägt viel dazu bei, daß sich der andere beachtet und geachtet und sich daher wohl fühlt.

Zur Kultur in der Partnerschaft gehören selbstverständlich auch Aufmerksamkeiten – vom Blumenstrauß über den Erinnerungszettel bis zum liebevollen Gute-Nacht-Kuß –, Aufmerksamkeiten, die das Zusammenleben freundlich gestalten.

Eine Partnerschaft ohne Kultur ist wie ein Fest ohne Schmuck.

Partnerschaft gestalten

Je wichtiger ein Inhalt ist, desto wichtiger ist es, ihm eine bestimmte Form zu geben. Das gilt auch für Ehe und Partnerschaft. Daher lebt jede gute Beziehung auch von der regelmäßigen Wiederkehr bestimmter Formen. Woran ich denke?

Zum Beispiel an den sorgsam gedeckten Frühstückstisch, an die liebevolle Verabschiedung und Wiederbegegnung, an die Gestaltung des Abends, an das Gespräch und an gemeinsames Schweigen, an die Ferien und gemeinsames Arbeiten, an Feste und Feiern, an Konzerte und Theater, an große und kleine Besonderheiten.

Darf ich Goethe zitieren?

»Alles Behagen am Leben ist auf eine regelmäßige Wiederkehr der äußeren Dinge gegründet. Der Wechsel von Tag und Nacht, der Jahreszeiten, der Blüten und Früchte, und was sonst von Epoche zu Epoche entgegentritt, damit wir es genießen können und sollen, diese sind die eigentlichen Triebfedern des irdischen Lebens. Je offener wir für diese Genüsse sind, desto glücklicher fühlen wir uns.«

Fernsehen

Ja, es kann entspannend sein, nach der Arbeit in mü-
dem Zustand das geliebte Gerät einzuschalten. Zugleich aber kann das Fernsehen, wenn es *ständig* am
Abend der Entspannung dient, eine ernstzunehmende
Quelle für Störungen zwischen ihm und ihr sein. Davon ist in Gesprächen mit Menschen, die wegen ihrer
Partnerschaftskonflikte kommen, häufig die Rede.

Wenn er und sie an *jedem* Abend in die gleiche Richtung sehen, dann schenken sie sich kein Ansehen mehr.
Dann sprechen sie nicht mehr miteinander. Dann erfahren sie weniger vom Tage. Dann spielen sie nicht
mehr. Dann ist Kreativität nicht mehr gefragt. Dann
füllen sie ihre gemeinsame freie Zeit nicht mit sich
selbst und nicht miteinander.

Gute Erfahrungen miteinander machen Paare, die sich
am Anfang der Woche über einige wenige Sendungen
verständigen.

Lieblingsthemen

Hast du die zärtlichen Augen deiner Frau gesehen, als du kürzlich den ganzen Abend *nicht* auf dein Lieblingsthema zu sprechen kamst? Hast du gesehen, wie leicht und heiter sie war?

Es gibt Themen, die für den anderen so reizvoll nicht mehr sind, gerade darum aber reizvoll *werden* können: Themen aus Nachbarschaft, Beruf, Verein, Sport, Politik, Fernsehserien oder ...

»Lieblingsthemen« zeugen nicht gerade von vielfältigem Interesse am Leben, schon gar nicht von Phantasie für die Wünsche des Partners. Sie ermüden den anderen auf Dauer. Vielleicht zermürben sie ihn auch und können deshalb eine schleichende Entfremdung zur Folge haben.

Einfach nur müde

Es gibt Zeiten, in denen du die Nähe deines Partners vermißt.

Dann kann es sein, daß du auf »dumme« Gedanken kommst: ob er dich nicht mehr liebt –, ob sie dich nicht mehr liebt –, ob du etwas an dir hast, was ihm nicht mehr gefällt –, ob ihr euch entfremdet habt –, ob da eine andere oder ein anderer im Spiel ist –, ob die große Liebe nur im Märchen vorkommt –, ob Beziehungen vielleicht doch nur kurzfristig möglich sind...

Es kann aber auch sein, daß der Partner einfach nur müde ist, gestreßt, erschöpft, nicht ganz bei sich. Dann allerdings wäre es wichtig, wenn der müde Partner dem anderen das sagen würde.

Bevor du nach Hause gehst

Eine ganz wichtige Empfehlung, vor allem für Männer:

Bevor du von deiner Arbeit nach Hause gehst, nimm dir, wo immer du bist, noch fünf Minuten Zeit, damit du Distanz gewinnst zwischen dem, was war, und dem, was kommt.

Schau auf den Tag zurück, laß alles noch einmal Revue passieren. Halte dich, wenn es geht, nicht zu lange bei deinem Ärger auf. Sieh dir alles im Zusammenhang an. Denn was du im Zusammenhang siehst, hält dich selbst zusammen und eint dich mit dir selbst.

Dann zieh eine Schleife um diesen Teil des Tages und denk dir aus, womit du dich – und vielleicht auch sie – gleich beglücken könntest. Und mal dir das richtig aus!

Manchmal vergißt man

Manchmal vergißt der eine, daß auch der andere in der Beziehung einsam ist.

Manchmal vergißt der eine, daß auch der andere sich nichts sehnlicher wünscht als dies: verstanden zu werden.

Manchmal vergißt der eine, daß auch der andere Sehnsucht nach der Liebe hat, wie sie einmal war.

Manchmal vergißt der eine, daß auch der andere Sehnsucht nach dem Frieden hat, den es einmal gab.

Manchmal vergißt der eine, daß auch der andere sich nichts sehnlicher wünscht als dies: den anderen nicht zu verlieren.

Manchmal vergessen beide, daß ihre Liebe zueinander stark genug ist, die schwere Zeit miteinander durchstehen zu können.

Gute Erinnerungen wecken

Nach einem langen Streit, der ohne Versöhnung endete, fand sie am nächsten Morgen unter ihrem Frühstücksteller ein Blatt, auf dem stand:

Hast du vergessen,
daß wir vorgestern noch miteinander zärtlich waren –
daß Anja in der letzten Woche sagte: »Wie gut, daß ihr euch nicht wie andere Eltern so oft streitet« –
daß wir uns meistens gut verstehen –
daß es nicht wenige Stunden gibt, in denen wir miteinander richtig glücklich sind –
daß wir uns treu sind –
daß uns viele wegen unserer Ehe beneiden –
daß wir schon eine lange und gute Geschichte miteinander haben –
daß wir uns, wenn es schwer wurde, immer aufeinander verlassen konnten –
daß wir manches, was uns aneinander mißfiel, gut bewältigt haben –
daß wir uns am Anfang vornahmen, nie länger als einen Tag böse aufeinander zu sein –
daß ich nur dich als Frau möchte –
daß ich dich liebe.

Am Abend fand er unter seinem Teller einen kleinen Zettel, auf dem nur stand: »Danke, daß du mich an all das erinnert hast.«

Alte Bilder ansehen

Es kann nicht nur schön, sondern auch wichtig sein, sich die Bilder der ersten Zeit wieder einmal anzuschauen.

Seht ihr das Lächeln auf euren Gesichtern?
Und wie eng ihr beieinander standet?
Für dieses Lächeln gab es Gründe
und dafür, wie ihr da standet, auch.

Erinnert ihr euch, zu welcher Zeit die Fotos entstanden?
den?
Was geschah damals?
Was war das, was euch so glücklich machte?
Nur die Verliebtheit?
Nur das Gefühl, von dem anderen gewollt zu sein?
Nicht auch das Gefühl, mit dem anderen für immer zusammensein zu wollen?

Nehmt euch Zeit dafür, die Fotos wieder einmal auf euch wirken zu lassen, denn sie sind Bilder eurer damaligen Wirklichkeit. Und wenn ihr sie anseht, könnten sie euch an *Möglichkeiten* erinnern, die vielleicht verschüttet, vielleicht aber nicht verloren sind.

Ein neuer Tag

Jeder Tag ist ein kleines neues Leben.
Am Anfang eines jeden neuen Tages habt ihr noch
nicht miteinander rivalisiert, noch nicht gestritten,
euch noch nicht wehgetan. Am Anfang eines jeden
neuen Tages könnte die Liebe noch fühlbar sein.

Was wäre, wenn der Tag so *bliebe*?
Ihr würdet miteinander heiter frühstücken.
Ihr würdet euch mit einem liebevollen Kuß verabschie-
den.
Ihr würdet während des Tages mehrere Male telefonie-
ren.
Ihr würdet euch schon während des Tages auf den
Abend freuen.
Ihr würdet euch beim Wiedersehen lange umarmen.
Ihr würdet einander fragen, wie ihr den Abend verbrin-
gen wollt und euch einigen.
Ihr würdet eine gute Nacht haben.
Ihr würdet euch auf den nächsten Morgen freuen.

Muß das alles eine Illusion bleiben?

TEIL IV

DAS PAAR
UND
DIE KINDER

Paar und Familie

Es ist verständlich, daß, wenn die Kinder klein sind, das Leben der Eltern vor allem um sie kreist. Doch liegt darin auch eine Gefahr. Es kann nämlich sein, daß sich das Paar im Lauf der Zeit, ohne es zu bemerken, in der Familie auflöst. In Partnerschaftsberatungen ist von diesem Problem nicht selten die Rede.

Wenn Mann und Frau sich nur noch als Vater und Mutter verstehen, wenn sich ihre Zweisamkeit zur Drei-, Vier- oder Fünfsamkeit verändert, wird aller Voraussicht nach der Eros leiden, wird die erotische Spannung zwischen Mann und Frau nachlassen und werden schließlich auch die Kinder unter den problemhaltigen Spannungen ihrer Eltern zu leiden beginnen. So manche Ehemüdigkeit beginnt so.

Andererseits: Je lebendiger das Paar ist, desto lebendiger wird das Leben seiner Kinder sein, weil sie von nichts mehr leben als vom Glück der Eltern.

Unterschiedliche Auffassugen von Erziehung

Vater und Mutter zu sein ist wunderschön – meistens. Doch entzündet sich gerade an der unterschiedlichen Auffassung, was für die Kinder gut sei und was nicht, so mancher Streit.

Kann es sein, daß mancher Streit wegen der Kinder nur den Streit zwischen Vater und Mutter verdeckt, den beide sich nur ungern eingestehen?

Kann es sein, daß Eltern, die ihre Spannungen miteinander gut zu lösen gelernt haben, sich relativ leicht auch über die Erziehung verständigen können?

Wenn aber Kinder Schwierigkeiten machen, die weder in Spannungen zwischen den Eltern noch in Erziehungsfragen begründet sind, dann ist es umso wichtiger, daß das Paar sich nicht durch die Probleme entzweien läßt.

TEIL V

DAS PAAR IN DER KRISE

Trennung ist ein Übel

Eine Trennung ist in der Regel ein tiefer und schmerzvoller Einschnitt. Sie verletzt Seelen, schafft Unordnung, stört nicht nur das Paar, sondern auch den Familien-, Freundes- und Bekanntenkreis, entzieht den Kindern den Boden unter den Füßen, dunkelt ganze Lebensabschnitte ein, bestimmt vielleicht das ganze Leben.

Trennungen sind ein Übel. Und wenn sie sich vermeiden lassen, sollten sie vermieden werden!
Aber: Manchmal muß eine Trennung sein.

Denn:
Wenn eine Beziehung zur Dauerkrise wird, gar zu einem permanenten Leiden,
wenn eine persönliche Weiterentwicklung nicht mehr möglich ist,
wenn eine Beziehung sogar krank macht,
entsteht mit Recht die Frage nach dem Sinn der Fortsetzung des gemeinsamen Lebens.

Krise ist Gefährdung und Chance

Krisen sind beides: Gefährdung und Chance. Krisen bedrohen den Menschen *und* fordern ihn heraus zur Veränderung seines Lebens. Daher können sie eine Gunst sein, und daher kann das veränderte Leben besser sein als das vergangene.

Nicht bestimmte Enttäuschungen, Verletzungen, Verluste, nicht eine bestimmte Not ist primär für den Fortgang der Lebensgeschichte entscheidend, sondern die Art und Weise, wie wir uns darauf einstellen und damit umgehen.
Nicht darauf kommt es primär an, was wir an Schwerem erleben, sondern darauf, wie wir das Schwere annehmen und *gestalten.*

Bis zum Tod macht jeder Mensch immer wieder die Erfahrung, daß er nicht tut, was ihm und seiner Situation entspricht. Doch macht er auch die Erfahrung, daß er vieles *anders* tun könnte, weil er viel freier ist, als er sich selber eingesteht.

Krisenbewältigung verlangt Arbeit

Wenn aus der Krise eine Chance werden soll, verlangt dieser Wandel Arbeit.

Den Mut, andere für ihr eigenes mißlungenes Leben verantwortlich zu machen, haben viele, doch viele sind nicht bereit, sich an die eigene Brust zu klopfen.

Den Versuch, über neue Erkenntnisse zu einem veränderten Leben zu kommen, machen viele, doch viele verändern sich nicht durch die not-wendende Tat.

Die Sehnsucht nach neuem Glück kennen viele, doch viele sind nicht bereit, ihr eigenes Sehnen ernstzunehmen.

Die Hoffnung auf neues Leben entwickeln viele, und es sind viele, die dafür *gute* Gründe haben.

Gibt es verlorene Jahre?

Manchmal blicken wir auf Zeiten der Partnerschaft mit dem Gefühl zurück, Jahre verloren zu haben. Doch nicht die Jahre sind von vornherein verloren, in denen wir gelitten haben. Denn das Maß zur Beurteilung vergangener Jahre ist nicht nur das Leid, sondern auch die *Intensität* des gelebten Lebens.

Was heißt das?

Das heißt: Hast du in der Zeit, die dir verloren zu sein scheint, als Mensch gelebt – also nachgedacht, dich eingefühlt, gehandelt, geliebt? Hast du Trauriges nicht einfach verdrängt, sondern dich ihm gestellt? Hast du dich aufgeregt, wenn Aufregung angebracht war? Hast du das Glück ergriffen, wenn es sich dir anbot? Hast du in jenen Jahren etwas auf die Beine gestellt, bist also nicht nur lasch durch deine Tage gegangen? Hast du Erfahrungen gesammelt und dazugelernt? Wenn du das hast, dann hast du gelebt. Dann hast du in dieser Zeit Sinn gehabt. Dann war auch die Partnerschaft, wie immer sie war, vermutlich nicht vergeblich.

Verloren zu nennen wären eher jene Jahre, in denen wir uns auf Probleme und Nöte so *fixierten,* daß wir nicht genügend zum Leben kamen oder nicht daraus den Schluß zogen, Versäumtes so weit wie möglich nachzuholen. Denn wer sich über längere Zeit auf seine Not fixiert und nur auf das sieht, was ihn niederzieht, verkennt die Vielfalt der Lebensangebote, die auch in schweren Zeiten darauf warten, angenommen zu werden.

Wer hofft, denkt weiter

Manche Partnerschaften kranken daran, daß der eine
oder andere oder gar beide Partner die Erinnerungen
an frühere Verletzungen immer wieder lebendig werden
lassen.
Dann ist der Blick rückwärts gewandt.
Dann dominiert die Vergangenheit die Gegenwart.
Dann hat die Hoffnung auf neues Glück keine Chance.

Die Vergangenheit prägt zwar einen Menschen – die
Hoffnung aber, der stärkste Beweggrund im Menschen,
zieht ihn in *neue* Lebenserfahrungen.
Wer (wieder) hofft, sucht trotz schwieriger oder gar
leidvoller Vergangenheit (wieder) neue Chancen:
neue Gründe für Glück,
neue Gründe für die Liebe –
in der Partnerschaft hoffentlich
und, wenn es denn sein muß,
auch nach der Trennung.

Die Trennung birgt Hoffnungen und Chancen für ein
verändertes Leben mit sich, wenn sich der in einer Beziehung Gescheiterte dazu entschließt, sich nicht nur
seinem Verlust zu stellen, sondern auch sich selbst, seiner Persönlichkeit, seiner Geschichte, weil er nur so zu
neuer Sinnerfahrung gelangt.

Sich von alter Trauer verabschieden

Kein vernünftiger Mensch gießt neuen Wein in alte Schläuche. Wer sein Leben neu beginnen will – sowohl in der Partnerschaft als auch nach der Trennung –, wird sich deshalb von dem verabschieden, was ihn noch immer an alter Trauer, alten Enttäuschungen und alten Verletzungen ausfüllt. Das gilt auch für Paare.

Was bedeutet das konkret? Das Schwere, das war,
gründlich auszusprechen,
gründlich auszuweinen,
gründlich auszuzürnen
und sich *gründlich* auf die Frage einzulassen:
Was wäre, wenn uns ein Neubeginn gelingen würde?
Denn wann immer sich ein Mensch gedanklich und gefühlvoll auf die Vision einer *realen* neuen Möglichkeit einläßt, kommt er dem, wonach er sich sehnt, ein erhebliches Stück näher.

Wer festhält, verliert

Wer seinen Partner liebt, will ihn nicht verlieren. Und das macht ihn gerade in der Zeit, in der der andere an Trennung denkt, für »Fehler« anfällig. Denn die Angst vor einem endgültigen Verlust verzerrt seine Wahrnehmung, treibt ihn in unüberlegte Handlungen und verhindert die in einer solchen Zeit notwendige Auseinandersetzung mit der eigenen Persönlichkeit. Das kann zur Folge haben, daß er die letzte Chance, mit dem anderen neu beginnen zu können, verpaßt. Schon manche begründete Hoffnung ist so zunichte gemacht worden.

Eine andere Folge kann sein, daß er in seiner Trauer stagniert und neue Möglichkeiten für die Beziehung übersieht.

Welche konkreten »Fehler« kann man machen?

Zum Beispiel diese:

Wenn der, der den anderen zu verlieren fürchtet, ihm sagt, er könne ohne ihn nicht leben, bürdet er ihm eine Last auf, die dieser weder tragen kann noch will. Er wird ihm lästig. Droht er gar mit Selbstmord, wird der, der an Trennung denkt, zwar Angst oder jedenfalls Sorge um seinen Partner haben, doch die Liebe – *sie* stellt sich dadurch nicht wieder ein.

Wenn der Verlassene den anderen dadurch zurückzugewinnen versucht, daß er ihm jedwede gewünschte persönliche Änderung in Aussicht stellt, wird er wahrscheinlich nur Mitleid ernten. Denn das hieße ja

Selbstaufgabe, also Verlust der eigenen Originalität. Ein solches Angebot ist frei von jedweder Attraktivität.

Keine Schuldgefühle »machen«

Wenn der, der seinen Partner zu verlieren fürchtet, den anderen dadurch festzuhalten versucht, daß er ihm, ob sublim oder offen, Schuldgefühle vermittelt, wird dieser darauf ablehnend, wenn nicht aggressiv reagieren. Ich denke z. B. an Vorwürfe wegen der Kinder, an Klagen über die Einsamkeit, an die Erinnerung, man habe ja schließlich die Ausbildung ermöglicht.

Es gibt viele Anlässe, den Partner, der an Trennung denkt, mit Schuldgefühlen unter Druck zu setzen – mit Krankheit oder Alter, mit Geld oder dem Beruf, mit Moralismen oder zu oft gezeigten Tränen.

Oft verfehlen die Vorwürfe ihre Wirkung nicht, die erhoffte Wirkung aber, die innere Rückkehr des anderen, wird so in den seltensten Fällen erreicht.

Kein Mensch gehört einem anderen

Weit mehr Beziehungen zwischen Partnern sind von der unseligen Tendenz bestimmt, den anderen *besitzen* zu wollen, als wir uns eingestehen mögen. In erschreckender Weise wird diese Annahme durch den Satz belegt, der nicht selten nach einer Trennung zu hören ist: »Wenn er/sie doch nur gestorben wäre! Das hätte ich leichter ertragen als die Trennung.«

Wird ein von dieser Neigung beherrschter Mensch tatsächlich von seinem Partner verlassen, dann ist ihm, als habe er einen Teil von sich selbst verloren. Von sich selbst? Ja, denn er (miß)brauchte den anderen zur Ich-Erweiterung, zur Ausweitung und zur Ergänzung seiner eigenen Persönlichkeit. Deshalb richtete er ihn – und keineswegs immer sichtbar aggressiv – auf sich hin aus.

Wer die Liebe töten will, fängt an, den anderen »haben« zu wollen.

Einander verzeihen

Verzeihen ist eine Sache des Geistes. Es stellt sich nicht von selbst ein, es muß erarbeitet werden. Verzeihen ist vor allem in Krisenzeiten von besonderer Bedeutung.

Verzeihen bedeutet nicht, daß das, was der eine dem anderen an Problemen beschert hat, einfach »unter den Teppich gekehrt« werden dürfte und der eine dem anderen großmütig sagt, alles sei wieder »o.k.« Wenn einer verletzt worden ist, wird er zunächst darunter leiden und dem anderen verständlicherweise Vorwürfe machen. Daher ist Verzeihen weder ein rascher noch ein leichter Akt – jedenfalls bei ernsthaften Problemen.

Wer verzeiht, sieht hin auf das, was war. Er läßt aber nicht zu, daß seine Verletzung auch das künftige Beisammensein dominiert. Er bemüht sich darum, hinter der »Tat« des anderen wieder *ihn selbst* zu sehen.

Wie kann man verzeihen lernen?
Durch Nachdenken darüber, daß kein Mensch nur ein Engel oder nur ein Teufel ist, also durch Selbsterfahrung und die damit verbundene Erkenntnis, daß jeder, also auch wir selbst, auf das Verzeihen des anderen angewiesen ist.

Sich an das alte Glück erinnern

Wenn sich die Enttäuschungen häufen, wenn das wechselseitige Verstehen über längere Zeit nicht mehr gelingen will, wenn die Verletzungen zu tief gegangen sind, dann zieht sich die Liebe zurück, dann wird sie müde.

Wie gut wäre es dann, sich an die Tage zu erinnern, die hell waren. Wer sich erinnert, holt das nach innen Versunkene in den Raum der Gegenwart zurück. Er erfährt, daß die verinnerlichten Bilder lebendig geblieben sind, und wird aufs Neue von ihnen berührt.

Jede Vergegenwärtigung erlebten Glücks ist eine Erinnerung an erfahrene und vielleicht wieder zugängliche Möglichkeiten.

Vielleicht denkt ihr daran:
Ihr nahmt euch Zeit füreinander, gingt aufeinander ein, wolltet euch kennenlernen.
Ihr saht euch an, gingt Hand in Hand, erzähltet von dem,
was niemand sonst erfuhr.
Ihr sagtet euch Worte der Wahrheit, konntet trauern über Streit und euch freuen über Versöhnungen.
Ihr suchtet euch zu verstehen, ihr suchtet euch.

Erzählt einander, was damals schön war, und wenn das gegenwärtig nicht möglich ist, dann erinnert wenigstens euch selbst daran.
Erinnerungen bringen nur Schmerzen, sagst du. Mag

sein. Doch Schmerz wegen verschütteten Glücks kann das Gefühl sein, das du brauchst, um etwas zu tun, um das Glück wiederzufinden.

Die Liebe lernen

Bedrückend sind Gespräche, in denen jemand sagt, er habe an seinem Partner nichts auszusetzen, er könne ihn oder sie nur nicht lieben. Kann, wer das sagt, die Liebe lernen?

Sicher nicht, wenn die beiden »einfach« nicht zueinander passen und der, dem die Liebe fehlt, keinerlei Eros für den anderen empfindet.

Möglicherweise aber liegt die Ursache des Problems tiefer, nämlich darin, daß ihm die Liebe überhaupt fehlt, nicht nur die Liebe zum Partner, sondern auch zu sich, zur Welt, zum Leben.

Vielleicht aber könnte er die Liebe lernen,
wenn er sich nicht scheute, sich zu fragen, worin er zu ichbezogen sei, wenn er aufhörte, ständig danach zu fragen, was ihm zusteht, was er braucht, was er will, wenn er begänne, sein vielleicht verdecktes Wohlwollen dem Leben gegenüber mehr als bisher zuzulassen –,

wenn er sich dazu entschiede, fortan und immer wieder *hinzusehen, hinzusehen, hinzusehen* auf Menschen, Tiere, Pflanzen, Natur, Kultur –, auf Leben, wie es sich selber zeigt.

Ob es leicht ist oder schwer, das Lieben zu lernen? Das hängt davon ab, ob man die mögliche Einsicht zuläßt, daß Lebensbejahung die einzige Möglichkeit ist, die Liebe zu lernen.

Von der Wiederentdeckung der Liebe

Zu den beglückendesten Erfahrungen in der Partner-schaftsberatung gehört, wenn zerstrittene Paare die Liebe wiederentdecken. Und das geschieht immer wieder. Anfangs habe ich darüber gestaunt, inzwischen wundere ich mich darüber nicht mehr.

Die Seele der Menschen ist tief wie das Meer, und sie vergißt nichts. Es kann sein, daß ein Paar nach vielen bitteren Erfahrungen das Gefühl für die Liebe verloren hat. Haben sich die beiden jedoch einmal geliebt, sind sie bereit, sich trotz ihrer negativen Erfahrungen wiederfinden zu wollen, *suchen* sie danach, was zu ihrer Entfremdung geführt hat, dann nähern sie sich jenen unbewußten »Orten«, zu denen die Liebe hinabgesunken ist.

Es gibt viele innere Bilder – sie zeigen sich in Träumen oder »inneren Wanderungen« –, die bezeugen, daß selbst unter der dicken Schicht düsterer Erfahrungen die Liebe lebendig geblieben ist.

Umgang mit Unabänderlichem

Umgang mit dem, was unabänderlich ist, ist das größte menschliche Problem und damit die größte Herausforderung. Unabänderlich kann auch eine Trennung vom Partner sein.

Die Herausforderung kann gelingen, wenn das, was unabänderlich ist, nicht als Schicksal verstanden wird, das zwangsläufig zur Wertminderung des *ganzen* Daseins führt. Sie kann gelingen, wenn das Unumkehrbare als Herausforderung zur *Erweiterung* und *Vertiefung* des persönlichen Lebens verstanden wird.

Jedes *gestaltete* Leid ist Ausdruck der Freiheit eines Menschen und seiner Liebe zum Leben.

Jedes gestaltete Leid ist Ausdruck seiner Sensibilität für die *Vielfalt* der Werte im Leben.

Jedes gestaltete Leid kann die Liebe zum Leben vergrößern.

Schicksalsschlag

Manche Paare haben es schwer, wenn der Partner »nicht mehr der ist, der er einmal war« – durch eine Krankheit, durch einen Unfall, durch ein anderes Schicksal. Ich denke zum Beispiel an eine immer wiederkehrende Depression, an eine Gesichtsverletzung, an eine Querschnittslähmung – oder an das nach vielen Schicksalsschlägen verlorene Lachen.
Das ist ein großer Prüfstein auch für den anderen Partner!
Was kann man von diesem erwarten?
Wir anderen gar nichts.
Und er von sich?
Kein Heldentum, auch nicht die Bereitschaft, aus dem Stand heraus die eigene Not zur Seite zu schieben.
Was dann?

Die Erinnerung an all das Gute, das zwischen ihm und ihr war –
die Erinnerung an die bisherige Liebe –
eine kräftige Portion Verantwortung, nicht nur in guten, sondern auch in schlechten Tagen zusammenzustehen –
die Herausforderung, hinter der vielleicht verdunkelten Liebe die wahre Liebe zu entdecken.

TEIL VI

VERLORENE LIEBE

Nicht verzeihen können

Wann immer ich in einer Partnerschaftsberatung höre, daß ein Partner dem anderen wegen dessen Untreue nicht verzeihen kann, fällt sie mir ein:

Die alte Frau saß mir gegenüber und berichtete mit harter Stimme von ihrem noch älteren Gatten und dessen Affäre mit einer anderen Frau. Sie hatte ihm nicht verziehen, obwohl er alles getan hatte, um ihre Gunst zurückzugewinnen. Doch alle Anstrengungen waren ins Leere gegangen.
Die Gattin erschien mir wie ein Racheengel. Mit grimmiger Lust schien sie nicht nur die gemeinsame Zukunft, sondern auch die Erinnerung an die offenbar glückliche Vergangenheit zerstören zu wollen.

Wann war denn die Affäre gewesen? Vor zehn Jahren! Konnte sie ihm nicht verzeihen? Vielleicht. Vielleicht aber *wollte* sie es nicht. Träfe die letzte Deutung zu, dann gehörte sie zu den Menschen, die ein seltsam befriedigendes Gefühl entwickeln, sich wenigstens moralisch dem anderen überlegen zu fühlen.

Zu spät

Ein Ehepaar hatte viel Not miteinander. Er war beruflich sehr erfolgreich, und das befriedigte ihn. Sie füllte
ihr Leben mit karitativer Arbeit aus, und das befriedigte sie. Doch miteinander konnten sie nur schwer leben – und das schon über viele Jahre.

Als sie sich endlich zu verstehen begannen, waren sie
über die vermeidbaren Fehler, die ihnen »unterlaufen«
waren, erschüttert. Sie beschlossen, sich für eine gewisse Zeit zu trennen, um sich von- und füreinander zu
erholen. Kurz darauf starb er – ohne ersichtlichen Anlaß für den Arzt und die Gattin.
Es sah so aus, als hätte er die Entdeckung des jahrelan-
gen Un-Sinns des Ehestreites nicht verkraftet.

Zu spät

Nie werde ich einen alten Mann vergessen. Er kam zu mir, weil er mit dem Auto seine Frau überfahren hatte und mit seiner Verzweiflung nicht fertig wurde.

Viele Jahre hatte er viele andere Frauen gehabt. Erst zwei Jahre vor ihrem Tod hatte er seine Liebe zu ihr neu entdeckt. In dieser Zeit waren beide sehr glücklich miteinander gewesen.

Wie gern hätte er die vielen Jahre davor rückgängig gemacht! Doch die Zeit war auch für ihn unumkehrbar.

Viel zu spät

Ein Mann mittleren Alters hatte gedacht, seine Ehe sei sehr glücklich gewesen. Deshalb war er in tiefste Verzweiflung geraten, als sich seine Frau an einem hellen Sommertag das Leben genommen hatte.

Nie hatten sie, so sagte er, über Schwieriges in ihrer Beziehung gesprochen, Schwieriges schien es überhaupt nicht gegeben zu haben. In ihrem Abschiedsbrief hatte jedoch gestanden, so wie bisher könne sie nicht weiterleben.

Erst lange nach ihrem Tod hatte er sich zu fragen begonnen, woran es in der Ehe gefehlt haben könnte.

DAS PAAR IM ALTER

Liebe gibt es auch im Alter

Ob die Liebe bleiben kann, auch wenn die Haut zu welken und die Bewegungen an Grazie zu verlieren beginnen? Ob sie sich auch noch zeigt, wenn die drangvollen Kräfte des Leibes sich öfter als früher zurückziehen? Ach, hinge die Liebe nur davon ab, dann wäre sie nie dagewesen, dann hätten die beiden nur die Oberfläche des anderen geliebt.

Vor allem aber: der *Geist* des Menschen altert ja nicht – und deshalb nicht die Liebe mit ihren vielen »Töchtern«, z. B. der Phantasie und der Anmut.

Alt gewordene Liebespaare erkennt man rasch. Man erkennt sie daran, daß sie im Umgang miteinander noch immer *aufmerksam* sind. Sie werfen sich vertraute Blicke zu, oft ohne erkennbaren Grund. Noch immer finden sich ihre Hände. Und manchmal scheint es so, als zöge sich ein warmer, leuchtender Kreis um beide herum, auch wenn sie sich äußerlich nicht nahe sind.

Gewiß, ihre Liebe ist leiser geworden, ihr Feuer lodert nicht mehr himmelwärts. Und doch spürt man die Dichte ihrer Gefühle, weniger an der Oberfläche, dafür mehr in der Tiefe. In der Tiefe!

Reife Liebe

Einer meiner Lehrer erzählte diese Geschichte:
Er war bei alten Menschen zu Gast gewesen und hatte sich ungewöhnlich wohl gefühlt. Da war etwas, das er nicht fassen konnte. »Woher nur kam der Zauber in dieser kleinen Wohnung?«, fragte er sich noch lange, nachdem er die beiden verlassen hatte.
Immer wieder holte er die altgewordenen Gesichter vor sein inneres Auge zurück. Dann ging ihm ihr Geheimnis auf. Er fand dafür ein schönes Wort: »Es war, als habe der eine den anderen aus sich herausgeliebt.«

Der letzte Prüfstein

Vielleicht ist der letzte große Prüfstein einer langen Liebe der Tod des geliebten Menschen.

Trotz aller anfänglichen Erschütterung und Trauer wird der, der zurückbleibt, letztlich nicht verzweifeln, wenn er wieder zu fühlen beginnt, wie reich sein Leben durch die Liebe mit dem Partner war.

Bliebe die Verzweiflung, dann wäre die Liebe vielleicht nicht reif geworden. Denn eine ihrer kostbarsten Früchte ist die Dankbarkeit für eine gefüllte Zeit.

ANHANG

Eine besondere Hilfe für Paare: Die neun Typen
des Enneagramms

JEDER MENSCH HAT EINEN TYPUS

In Partnerschaftsberatungen zeigt sich, daß Partner sich vor allem eines wünschen: den anderen verstehen zu können und selbst verstanden zu werden, in seinen Stimmungen und Verstimmungen, Wünschen nach Nähe und nach Distanz, Überzeugungen und Weigerungen, sich überzeugen zu lassen, seltsam anmutenden Verhaltensweisen und Handlungen, Motiven und Zielen.

In den Beratungen zeigt sich auch, daß viele Probleme durch Unkenntnis des Typus ausgelöst werden, des eigenen ebenso wie den des anderen. Andererseits könnten Menschen viel differenzierter, nüchterner und freier mit sich und dem anderen umgehen, hätten sie Einblick in die Typenlehre des Enneagramms, die ich für eine Schatzkiste der Menschenkenntnis halte. Sie zeigt, daß jeder der neun »Typen« auf *seine* Weise denkt, empfindet, fühlt und handelt. Sie zeigt darüber hinaus, daß mit jedem Typus bestimmte Probleme und besondere Möglichkeiten verbunden sind.

Darf ich Ihnen die »neun Gesichter der Seele« kurz vorstellen?

DIE NEUN TYPEN DES ENNEAGRAMMS

Der Reformer:
Er will hoch hinaus. Mit dem, was ist, gibt er sich so rasch nicht zufrieden. Verändern will er sich, verändern will er auch die Welt, und zwar sofort! Er neigt zum Perfektionismus. Geduld ist daher (zunächst) seine Stärke nicht. Leben soll vollkommen sein! Doch wenn er es, so wie es ist, *anzunehmen* lernt, läßt er vieles so sein, wie es nun einmal ist.

Besondere Mühe macht der *Reformer* seinem Partner mit seiner aggressiven Ungeduld. Daran sollte er arbeiten!

Der Helfer:
Er braucht es, gebraucht zu werden. Für andere dazusein, das ist für ihn sein Sinn. Die Hilfe anderer lehnt er (zunächst) ab. Er verschenkt seine Kraft und verliert deshalb manchmal sich *selbst*. Doch wenn er sich zu lieben lernt und sich eingesteht, daß auch er einmal Zuwendung braucht, wird nicht nur das Herz der anderen warm.

Besondere Mühe macht der *Helfer* seinem Partner darin, daß er ihm seine Hilfe aufzwingt, sich jedoch von ihm nichts schenken lassen will. Daran sollte er arbeiten!

Der Erfolgsmensch:
Er genießt es, bewundert zu werden, und dafür setzt er zunächst manchmal Masken auf. Es kann sogar sein, daß er sich mit Menschen oder Projekten identifiziert, zu denen er nur eine geringe innere Beziehung hat, wenn sie ihm nur Erfolg versprechen. Doch wenn er sich zu sich *selbst* bekennt, ist und wirkt er klar wie quellfrisches Wasser.

Besondere Mühe macht der *Erfolgsmensch* seinem Partner mit seinem generösen Verhältnis zur Wahrheit und seiner Sucht nach Anerkennung. Daran sollte er arbeiten!

Der Romantiker:
Er liebt das Besondere. Er ist zunächst auf der Suche nach der »blauen Blume«, dem besonderen Schatz. Die Welt ist ihm zu profan. Zugleich aber sehnt er sich danach, wie alle anderen in ihr zu Hause zu sein. Doch wenn er seinen Platz im Leben gefunden hat, wird auch die »gewöhnliche« Welt für ihn der Ort, an dem seine unruhige Seele Ruhe findet.

Besondere Mühe macht der *Romantiker* seinem Partner mit seinem Gefühl der inneren Heimatlosigkeit und dem daraus resultierenden Neid auf ihn. Daran sollte der *Romantiker* arbeiten!

———————

Der Beobachter:
Er braucht zunächst viel Abstand von dem, was ihm lebendig erscheint. Er bricht die Brücken ab, wenn andere ihm zu nahe kommen. Doch wenn er seine innere Einsamkeit tief genug spürt, wagt er es, am lebendigen Leben teilzunehmen.

Besondere Mühe macht der *Beobachter* seinem Partner damit, daß er mit sich selbst geizt, nicht offen genug ist, zu viel Distanz braucht. Daran sollte er arbeiten!

Der Gemeinschaftsmensch:
Er erweckt zunächst den Eindruck, als brauche er andere Menschen mehr als sich selbst. Er geht in ihrer Gemeinschaft auf, besonders dann, wenn sie ihm gleichgesinnt sind. Doch wenn er zu spüren beginnt, daß er »mehr« ist als einer unter anderen, richtet er sich auf und geht auch seinen *eigenen* Weg.

Besondere Mühe macht der *Gemeinschaftsmensch* seinem Partner mit seinem Mangel an innerer Eigenständigkeit und seiner Neigung, von sich auf den anderen zu schließen. Daran sollte er arbeiten!

Der Glückssucher:
Er sucht die Lust, die Freude, das Glück und findet es oft. Und wenn er es gefunden hat, jagt er gleich neuem nach. Wenn jedoch die Niederungen des Daseins wenig Glücksgründe herzugeben scheinen, schwingt er sich auf und sucht sie zunächst in den Wolken. Doch wenn er zu begreifen beginnt, daß auch das Dunkle Leben ist, beginnt er, das *ganze* Leben zu lieben.

Besondere Mühe macht der *Glückssucher* seinem Partner mit seiner Rast- und Maßlosigkeit und seiner Neigung, sich Problemen nicht zu stellen. Daran sollte er arbeiten!

Der Starke:
Er ist der Boß, ist tief in seiner eigenen Kraft verwurzelt. Er braucht Herausforderungen, um seine Kraft zu spüren. Kampf ist für ihn Leben. Leben ist für ihn zunächst Kampf. Doch das verborgene Kind in ihm kennt und liebt auch das zarte Spiel.

Besondere Mühe macht der *Starke* seinem Partner mit seiner Streitlust, seiner Tendenz zur Rücksichtslosigkeit und seiner Neigung, seine gute Weichheit zu verbergen. Daran sollte er arbeiten!

Der Ursprüngliche:
Er gehört zu den »Stillen im Lande«. Er fühlt sich zunächst in seiner eigenen, verborgenen Welt am wohlsten. Die Welt, sie ist ihm oft lästig und lenkt ihn von dem ab, was er in sich selbst erlebt. Doch beginnt er, sich ihr zu öffnen, wird sie auch für ihn lebenswert.

Besondere Mühe macht der *Ursprüngliche* seinem Partner mit seiner Antriebsarmut und seiner Neigung, offenkundigen Konflikten aus dem Weg zu gehen. Daran sollte er arbeiten!

Die Erfahrung zeigt, daß Paare, die an ihren typologisch bedingten Problemen arbeiten und sich auch mit dem Typus des anderen und dessen Problematik vertraut gemacht haben, ihre Beziehung in aller Regel wesentlich verbessern.

TYPISCHE BEISPIELE

Nehmen wir an, daß ein Mann dem *Beobachter*-Typus angehört und die Frau dem des *Gemeinschaftsmenschen*. Dann liegt *ihm* z. B. daran, sich manchmal zurückziehen und Dinge allein machen zu wollen, während *ihr* wichtig ist, möglichst viel mit ihm gemeinsam reden, tun und unternehmen zu können.

Nehmen wir an, daß eine Frau dem Typus des *Ursprünglichen* angehört und der Mann dem des *Reformers*. Dann wird *sie* mit seiner aggressiven Ungeduld (die rasch wieder abklingen kann) große Mühe haben, *er* wiederum wird nicht verstehen können, warum sie wegen seiner Ausbrüche so lange trauert.

Nehmen wir an, daß sie dem *Glückssucher*-Typus angehört und er dem des *Romantikers*. Dann wird *sie* kaum verstehen können, wenn er z. B. auf einem Fest melancholisch wird, während *er* es höchst befremdlich findet, wenn sie ihn ungestüm auf die Tanzfläche zu zerren versucht.

Wenn Partner nicht wissen, von welchen typischen Strebungen sie geleitet werden, kann es zu einer Kette von Mißverständnissen, Enttäuschungen und wechselseitigen Vorwürfen kommen. Wenn sie dagegen Einblick in diese Abläufe gewinnen, kann die Andersartigkeit des anderen als Bereicherung erlebt werden.

HINWEISE ZU BÜCHERN DES AUTORS

- Vom Typ zum Original. Die neun Gesichter der Seele und das eigene Gesicht. Ein Praxisbuch zum Enneagramm, Lahr 1994
- Zu den Quellen des Lebens. Meditationen für den neuen Tag, Lahr 1995
- Neu beginnen! Konkrete Hilfen in Wende- und Krisenzeiten, Lahr 1996
- Und jetzt bin ich wieder allein. Hoffnungen und Chancen nach der Trennung, Stuttgart 1998
- Herausforderung zum Leben. Lebenskrisen und ihre Überwindung, Hamburg 1991, 2. Aufl. Hamburg 1999 (Books on Demand)
- Dein Unbewußtes weiß mehr, als du denkst. Wertorientierte Imagination als Weg zum Sinn, Freiburg i. B. 1996, 2. Aufl. Hamburg 1999 (Books on Demand)
- Wertorientierte Imagination, Theorie und Praxis, Grundlagen – Methodik – Anschauung, Hamburg 2000 (Books on Demand)

INFORMATIONEN über die Veranstaltungen des »Hamburger Instituts für Existenzanalyse und Logotherapie« erhalten Sie über das Sekretariat:

Barckhausenstraße 20
21335 Lüneburg
Telefon: 04131/403844
Telefax: 04131/403845
e-mail: sekretariat@boeschemeyer.de
www.logotherapie-hamburg.de

PIPER

Viktor E. Frankl

Der Mensch vor der Frage nach dem Sinn

Eine Auswahl aus dem Gesamtwerk. Mit einem Vorwort von Konrad Lorenz. 292 Seiten mit 16 Abbildungen.
Serie Piper 289

Die Frage nach dem Sinn menschlicher Existenz gewinnt in unserer Gesellschaft zunehmend an Aktualität und Brisanz. Es gibt wohl kaum einen Wissenschaftler, der sich sein ganzes Forscherleben hindurch dermaßen engagiert mit dieser Frage auseinandergesetzt hat wie der Wiener Psychiater Viktor E. Frankl. Seine Logotherapie ist ganz darauf abgestimmt, dem Menschen in der Sinnfindung Beistand zu leisten. Frankl entwickelt diese psychotherapeutische Methode in Auseinandersetzung mit den Hauptvertretern der traditionellen Psychotherapie. Die Logotherapie will aber im allgemeinen nicht Ersatz für die Psychotherapie sein; vielmehr besteht ihre Aufgabe in einer Hilfestellung bei der Auseinandersetzung mit dem »Leiden am sinnlosen Leben«. Dieser Band bietet einen Querschnitt durch das gesamte publizistische Schaffen des Autors auf dem Gebiet der Psychotherapie und ihrer anthropologischen Grundlagen.

PIPER

Paul Watzlawick/Giorgio Nardone (Hg.)
Kurzzeittherapie und Wirklichkeit

Aus dem Englischen und Italienischen von Michael von
Killisch-Horn. 329 Seiten mit 5 Abbildungen. Serie Piper 3395

Seit vielen Jahren arbeiten Therapeuten mit der strategischen
Kurzzeittherapie. Ihre Grundfrage lautet: Wie verhalten sich
Menschen zur Wirklichkeit, also zu sich selbst, zu anderen und
zur Welt? Jede gesunde oder gestörte Geistesverfassung eines
Menschen ist das Ergebnis einer aktiven Beziehung zwischen
diesem Menschen und dem, was er erlebt. Und es gibt viele
Wirklichkeiten, denn jeder konstruiert seine Wirklichkeit selbst.
Eine psychische Störung ist eine gestörte Wahrnehmung dieser
Wirklichkeit. Das hat Folgen für die Therapie, die eine ver-
änderte Wahrnehmung zum Ziel haben muß. Paul Watzlawick,
Therapeut aus Palo Alto und führender Vertreter des Konstruk-
tivismus, und Giorgio Nardone, Therapeut aus Arezzo, haben
in diesem Buch internationale Experten der Kurzzeittherapie
versammelt. Die Theorie, die Praxis und die Forschung dieses
Ansatzes sind Thema des Bandes. Die Leser werden hier in die
Kunst eingeführt, komplizierte menschliche Probleme mit Hilfe
scheinbar einfacher Lösungen in kurzer Zeit zu bewältigen.

Daniel N. Stern und Nadia Bruschweiler-Stern mit Alison Freeland
Geburt einer Mutter

Die Erfahrung, die das Leben einer Frau für immer verändert. Aus dem Englischen von Angelika Hildebrandt. 247 Seiten. Serie Piper 3501

Wenn eine Frau Mutter wird, macht sie Erfahrungen, mit denen sie nie zuvor in ihrem Leben konfrontiert war. Durch die Geburt des Kindes orientiert sich jede Frau neu, sie hat andere Hoffnungen und Wünsche, freut sich an anderen Dingen als bisher, definiert Werte neu. Eine Mutter wird, so Daniel Stern und seine Mitautorinnen, psychisch neu geboren, sie entwickelt eine neue Identität. Wie entsteht diese Identität in jeder einzelnen Frau und wie erlebt sie diese Entwicklung? In welcher Zeit passiert diese Veränderung? Wie lernt eine Frau, mit ihrer veränderten Welt des Denkens und Fühlens umzugehen?

All diese Fragen werden in diesem Buch beantwortet. Entstanden ist eine sensible Psychologie des Mutterseins und damit insbesondere ein für werdende und frisch gebackene Mütter und Väter hilfreiches Buch.

PIPER

Remo H. Largo
Babyjahre

Die frühkindliche Entwicklung aus biologischer Sicht.
Das andere Erziehungsbuch. 492 Seiten. Serie Piper 3319

Die Bedürfnisse eines Säuglings und Kleinkinds zu erkennen
und richtig zu deuten ist für Eltern nicht immer leicht, besonders wenn es ihr erstes Kind ist. Sprechen kann das Baby
nicht, aber es hat eine Vielzahl von Möglichkeiten, sich aus-
zudrücken. Dieses Buch will das Verständnis bei Eltern und
Erziehern für die biologischen Gegebenheiten und die Vielfalt
des kindlichen Verhaltens wecken. Es orientiert sich nicht an
abstrakten Normen oder überlieferten Erziehungsprinzipien;
vielmehr will es helfen, den Blick für das individuelle Kind
und seine besondere Entwicklung zu schärfen und Einsichten
in seine entwicklungs- und altersspezifischen Eigenheiten
vermitteln.

»Largos Erziehungsbuch ist vor allem darum anders, weil es
von der unglaublichen Spielbreite der Entwicklung gesunder
Kinder und nicht von einem Ideal – davon, wie und wozu sich
ein Kind entwickeln sollte – ausgeht.«
Tages-Anzeiger, Zürich

Remo H. Largo
Kinderjahre

Die Individualität des Kindes als erzieherische Herausforderung. 376 Seiten mit zahlreichen Grafiken und
Abbildungen. Serie Piper 3218

Remo H. Largo gilt als einer der führenden Ärzte auf dem Gebiet der kindlichen Entwicklung. Sein Buch »Babyjahre« ist
seit vielen Jahren ein Klassiker. Praktisch und wissenschaftlich
fundiert bietet er Einsichten über die Entwicklung von Kindern. Wie man Kinder fit für ihr Leben macht, ihnen hilft, im
Einklang mit ihrer Umwelt zu leben – das zeigt Professor
Largo in diesem Buch. Er ist seit zwanzig Jahren Leiter der
Abteilung Wachstum und Entwicklung am Kinderspital Zürich
und kennt daher die ganze Bandbreite kindlicher Entwicklung.
Er kann so den Eltern und Erziehern wirkliche Hilfen anbieten,
nicht nur Theorien. Er führt anhand zahlreicher Fallbeispiele
anschaulich durch die entscheidenden Jahre zwischen 4 und
16. Wie entsteht die Individualität eines Kindes? Welche Rolle
spielen Anlage und Umwelt? Was ist Intelligenz? Wie lernen
Kinder? Wann – und wie – müssen Eltern unterstützend bei der
Entwicklung ihres Kindes eingreifen? Auf diese Fragen gibt
der Autor fundierte Antworten anhand der biologischen Entwicklung.

Ian Robertson
Das Universum in uns

Wie wir das ungenutze Potential des Gehirns ausschöpfen
können. 350 Seiten. Geb.

»Lauschen Sie! Hören Sie ein Flugzeug, das über Ihnen fliegt?
Das Bellen eines Hundes? Das Zwitschern von Vögeln?
Während Sie sich ganz auf das konzentrieren, was Sie hören,
schicken Sie einen elektrischen Spannungsstoß durch Milli-
onen von Neuronen in ihrem Gehirn. Dadurch verändern Sie
es«. So beginnt Ian Robertsons spannendes und leicht ver-
ständliches Buch. Der Autor, Psychologe und Hirnforscher,
erklärt und begründet die inzwischen vielfach belegte Theorie
von der Plastizität des Gehirns. Er zeigt, wie unser Gehirn
durch unsere Alltagserfahrungen, etwa durch Liebe, Streß,
Lesen, Lernen, Gespräche, Musizieren, modelliert wird. Mit
vielen Beispielen kann er verdeutlichen, wie Menschen das
Potential ihres Gehirns besser ausschöpfen können. Duch
ständiges lernen nämlich, also durch Gehirntraining, gestalten
wird das Gehirn von der Kindheit bis ins hohe Alter. Mit seinem Buch vermittelt Ian Robertson vor allem auch Hoffnung.
Denn das Potential des Gehirn ist auch im Alter noch
unerschöpflich.

Uwe Böschemeyer
Das Leben meint mich
Ein Jahrbuch im
Ellert & Richter Verlag
398 Seiten mit 13 Abb.
Format 10 x 15,2 cm
Hardcover
ISBN 3-8319-0032-9
€ 12,90 [D] / sFr 24,80 /
€ 13,30 [A]

Die kleinen und großen
Sorgen des Alltags
bringen uns dazu, uns
selbst aus den Augen zu
verlieren. Der bekannte
Logotherapeut Uwe
Böschemeyer hilft mit
Texten, die zur Selbst-
reflexion anregen, sich
jeden Tag wiederzufinden
und zu wachsen.

Die in therapeutischer
Arbeit gesammelten
Erfahrungen im Umgang
mit Menschen, die
Hilfe brauchten, gaben
den Anlaß, diese Inhalte
in eine einfache und
emotionale Sprache um-
zusetzen. Dieser Kom-
paß zur Orientierung
im Leben beschreibt kon-
kret, welche Wege zu
Sinn und Glück möglich
sind.

Nehmen Sie die Heraus-
forderung an, das Leben
zu bejahen!